城市轨道交通系列教材

KEYUN FUWU YU ZUZHI

U0743845

客运服务与组织

茅小海　杭建卫　俞菊红　主编

浙江工商大学出版社
ZHEJIANG GONGSHANG UNIVERSITY PRESS
·杭州·

图书在版编目(CIP)数据

客运服务与组织 / 茅小海，杭建卫，俞菊红主编.
— 杭州：浙江工商大学出版社，2020.4
ISBN 978-7-5178-3745-9

Ⅰ．①客… Ⅱ．①茅… ②杭… ③俞… Ⅲ．①铁路运
输－客运服务－客运组织－中等专业学校－教材 Ⅳ.
①U293.3

中国版本图书馆CIP数据核字(2020)第023787号

客运服务与组织
KEYUN FUWU YU ZUZHI
茅小海　杭建卫　俞菊红　主编

责任编辑	周敏燕　厉　勇	
封面设计	雪　青	
责任印制	包建辉	
出版发行	浙江工商大学出版社	
	（杭州市教工路198号　邮政编码310012）	
	（E-mail：zjgsupress@163.com）	
	（网址：http://www.zjgsupress.com）	
	电话：0571-88904980，88831806（传真）	
排　　版	杭州彩地电脑图文有限公司	
印　　刷	浙江全能工艺美术印刷有限公司	
开　　本	889 mm×1194 mm　1/16	
印　　张	10	
字　　数	235千	
版 印 次	2020年4月第1版　2020年4月第1次印刷	
书　　号	ISBN 978-7-5178-3745-9	
定　　价	29.00元	

前 言

　　城市轨道交通"客运服务与组织"课程是城市轨道交通运营管理专业的一门专业核心课程，以城市轨道交通客运服务过程中的乘客为对象，研究如何组织客流、提高服务质量和服务艺术的一门学科。本课程的学习，可使学生具备从事城市轨道交通客流组织及客运服务工作所需的各项礼仪知识、职业素养和客运服务的相关技巧，熟悉城市轨道交通突发事件应急处理及纠纷处理的一般性原则和方法，从而使学生能够在客运组织及服务中表现出较高的职业能力。

　　为了充分体现任务引领、实践导向的课程思想，本书共分八个项目，主要包括城市轨道交通客运服务职业概述、城市轨道交通车站服务人员的职业形象、城市轨道交通车站客运服务、沟通技巧与乘客投诉处理、城市轨道交通车站各岗位的职责与流程、城市轨道交通客流分析、城市轨道交通车站客流组织以及车站突发客伤事故应急处置等。本书项目一由杭建卫老师编写，项目二由徐意老师编写，项目三由刘国琪老师编写，项目四、七由茅小海老师编写，项目五由俞菊红老师编写，项目六由李孟澜老师编写，项目八由李钢老师编写。

　　本书根据学生学习的需要，对客运服务人员的服务礼仪与车站客运组织的过程进行了合理的安排，从项目任务要求、实施过程、相关知识点出发，把教学活动分解设计成若干个工作任务模块项目或工作情景，以项目为单位组织教学，以工作岗位实际工作情景为载体，引出相关专业理论知识，达到激发学生学习兴趣、开拓视野的目的。

　　本书内容丰富，趣味性强，图文并茂，直观易懂，具有较强的实用性和可操作性，适合作为城市轨道交通运营管理专业的教材，也可以作为学校城市轨道交通信号专业、其他服务类专业学生提升职业素养的学习材料。

　　由于编者水平有限，本教材编写过程中难免有遗漏和不足之处，恳请各位专家、同仁提出宝贵意见。

编　者

2019 年 11 月

CONTENTS

目 录

项目一 城市轨道交通客运服务职业概述

任务一 职业素养 ·· 02

任务二 城市轨道交通客运服务的特征与要求 ··································· 04

任务三 城市轨道交通客运服务的基本内容 ····································· 08

项目二 城市轨道交通车站服务人员的职业形象

任务一 仪容仪表训练 ··· 12

任务二 服饰礼仪训练 ··· 18

任务三 仪态礼仪训练 ··· 26

任务四 沟通礼仪训练 ··· 37

任务五 形体训练九部曲 ·· 44

项目三 城市轨道交通车站客运服务

任务一 乘客服务中心服务 ··· 51

任务二 站厅服务 ··· 56

任务三 站台服务 ··· 64

任务四 车站应急服务 ··· 69

任务五 车站特殊乘客服务 ··· 71

任务六 车站维修人员服务 ··· 73

项目四　沟通技巧与乘客投诉处理

任务一　沟通技巧…………………………………………………………………… 77

任务二　乘客投诉分析……………………………………………………………… 81

任务三　乘客投诉处理技巧………………………………………………………… 85

任务四　乘客投诉管理……………………………………………………………… 90

项目五　城市轨道交通车站各岗位的职责与流程

任务一　城市轨道交通车站服务的基本要求……………………………………… 100

任务二　城市轨道交通车站的管理模式…………………………………………… 103

任务三　轨道交通车站的岗位设置及运作流程…………………………………… 106

项目六　城市轨道交通客流分析

任务一　城市轨道交通客流概述…………………………………………………… 112

任务二　城市轨道交通客流分析…………………………………………………… 115

任务三　绍兴城市轨道交通 1 号线客流预测……………………………………… 118

项目七　城市轨道交通车站客流组织

任务一　车站客流组织概述………………………………………………………… 128

任务二　车站客流组织……………………………………………………………… 129

任务三　大客流组织………………………………………………………………… 133

项目八　车站突发客伤事故应急处置

任务一　车站客伤事故基本概述…………………………………………………… 139

任务二　客伤的现场处理方法……………………………………………………… 143

任务三　客伤案例分析……………………………………………………………… 147

项目一
城市轨道交通客运服务职业概述

【引言】

我们每个人所做的工作都是由一件件小事构成的。工作的好坏之分，不在于工作本身，也不在于起点，而在于每个人的素养。素养是个很大的概念，体现到职场上的就是职业素养；体现在生活中就是个人素质或者道德修养。只有提升自己的素养，才能提高工作的质量。

【学习目标】

1. 了解职业素养的内涵及分类。
2. 了解城市轨道交通客运服务的基本特性。
3. 了解城市轨道交通客运服务的基本内容。
4. 掌握城市轨道交通客运服务人员的职业素养要求。

【知识加油站】

城市轨道交通客运服务是指在城市轨道交通系统内，轨道交通运营企业为乘客安全、准时、快捷、方便、经济、舒适、文明乘车而直接开展的服务工作。城市轨道交通服务人员的职业素养的高低直接反映了城市轨道交通服务质量，也是城市轨道交通运营企业能否拥有较强竞争力的关键。

近几年来，各个地铁公司发现许多新员工往往对自己的工作缺乏敬畏之心，在工作态度上表现懒散，这大大影响了城市轨道交通运营企业的形象。如何提高城市轨道交通服务人员的职业素养，为轨道交通运营企业提供高素质的服务人员，这是职业教育亟待解决的一个重要问题。

任务一　职业素养

一、职业素养概述

我们一般认为职业就是参与社会分工，利用专门的知识和技能，为社会创造物质财富和精神财富，获得合理报酬，作为物质生活来源并满足精神需求的一种工作。成功的职业生活不只是获得多少报酬，或是否尽到岗位责任，它还意味着在参与社会职业生活中，在多大程度上将自己的能力、才华和创造力发挥出来，促进社会的进步和发展。而职业素养是职业内在的规范和要求，是在职业过程中表现出来的综合品质，包括职业道德、职业技能、职业行为、职业作风和职业意识等方面。

职业素养是内涵，个人行为是外在表现。很多企业家认为，成功的职业人一般具有以下三大核心素养，这三者缺一不可，相辅相成。

1. 职业信念

职业信念是职业素养的核心，包含良好的职业道德、正面积极的职业心态和正确的职业价值观意识。良好的职业信念应该包含爱岗、敬业、忠诚、奉献、积极、乐观、用心、开放、合作及坚持等，这是一个成功的职业人必须具备的核心素养。职业信念既不是人与生俱来的，也不是后天教育灌输的，而是通过自己的能力学习和训练得到的一种本领。

2. 职业技能

职业技能是需要经过有意识的、专门的学习和记忆后掌握的知识，通常与专业学习或工作内容直接相关。它包含一个职业人应该具备的专业知识和能力、良好的沟通协调能力、高效的执行力以及其他很多需要修炼的基本技能，如职场礼仪、时间管理及情绪管控等。俗话说"三百六十行，行行出状元"，没有过硬的专业知识，没有精湛的职业技能，就无法把一件事情做好，就更不可能成为"状元"了。

各个职业有各个职业的知识技能，每个行业还有每个行业的知识技能。总之，提升专业知识技能是为了让我们把事情做得更好。

3. 职业行为习惯

职业行为习惯就是在职场上通过长时间的学习—改变—形成到最后变成习惯的一种职场综合素质。职业行为习惯是职业素养的重要组成部分，也是职业素养的外在表现。在职场中，行为习惯的好坏能够决定你是否高效率、高质量地完成工作，抑或是否能出色地、完美地达到预期目标。

职业信念可以调整，专业技能可以提升。要让正确的信念、良好的技能发挥作用，就需要不断练习，练习，再练习，直到成为习惯。养成良好职业行为习惯最基本的四条原则：

一是守时，这是最基本的职业行为习惯。

二是快速响应，就企业内部来讲，每个员工都是团队中的一员，对本职工作任务是否能够实现快速响应，影响的不仅仅是本岗位任务的完成，更关系整个团队任务的完成。如果在你这一环节没有实现快速响应，掉链子了，那么，必然会影响到其他工作环节的正常运转。

三是条理性。养成有条理的习惯，能够让你在繁杂的事务中有条不紊，工作多而不乱。没有条理性的人，会把时间浪费在一些与工作关联不大的事务上。

四是事事有回复。对于领导和客户，事事有回复，显得格外重要。对领导交办的工作，完成情况要及时向领导汇报回复，便于领导把控工作过程和结果；对客户的要求和投诉也要定期回复，让客户感觉受到重视。

二、职业素养分类

美国学者莱尔·M. 斯潘塞和塞尼·M. 斯潘塞博士（Lyle M. Spencer, Jr. & Signe M. Spencer）从特征的角度提出了"素质冰山模型"。素质冰山模型把个体素质形象地描述为漂浮在洋面上的冰山，一般是指从学校系统学来的知识与技能、为人处事的技巧，如沟通技巧、谈判技巧，对事件的理解程度和速度，对事件的判断和评价以及工作中积累的经验和技能等。这部分是对任职者基础素质的要求，但它不能把表现优异者与表现平平者区别开来，这一部分称为基准性素质（Threshold Competence），也称显性素养。基准性素质是容易被测量和观察的，因而是容易被模仿的，也就是可以通过针对性的培训习得。而内驱力、社会动机、个性品质、自我形象、态度、应变能力等属于潜藏于水下的深层部分的素质，这部分称为鉴别性素质（Differentiating Competence），也称隐性素养。它是区分绩效优异者与平庸者的关键因素，职位越高，鉴别性素质的作用比例就越大。相对于知识和技能而言，鉴别性素质不容易被观察和测量，也难以改变和评价，这部分素质很难通过后天的培训形成。

【知识拓展】

人生最难的事

人生最难提高的是——素质；人生最难改变的是——习惯；

人生最难统一的是——行动；人生最难做好的是——细节；

人生最难处理的是——关系；人生最难把握的是——机遇；

人生最难实现的是——理想；人生最难得到的是——人心；

人生最难分配的是——利益；人生最难平衡的是——心态；

人生最难控制的是——情绪；人生最难战胜的是——自己；

人生最难说的话是——真话；人生最难坚持的是——本色；

人生最难找到的是——知音；人生最难教育的是——孩子；

人生最难抵挡的是——诱惑；人生最难保持的是——健康；

人生最难改造的是——灵魂；人生最难解释的是——幸福。

任务二　城市轨道交通客运服务的特征与要求

城市轨道交通作为现代城市综合交通体系的子系统，其发展程度直接反映了城市出行条件和城市交通发展的整体水平。城市轨道交通凭其安全、准时、便捷、经济、舒适的特点为乘客提供服务，乘客出行方式的选择与运输服务质量的高低有着直接关系。由于其产品的特殊性，轨道交通服务质量目前受到各个城市轨道交通运营企业的高度重视。同时，轨道交通客运服务产品具有无形性，要让乘客对客运服务质量感到满意，必须让乘客在从进站到出站的整个乘车过程中直接感受到全方位的优质服务。

一、城市轨道交通客运服务的特征

1. 安全性

安全性是轨道交通运输最基本的特性，也是乘客运输服务质量的首要特性。城市轨道交通的运输安全直接或间接关系到城市居民的人身安全。乘客在选择交通方式时，一般会根据自己的经验，判断乘坐哪种交通工具更安全，从而产生选择交通方式的倾向。

2. 经济性

在其他质量特性大致相同的条件下，乘客对不同客运方式的选择主要考虑的就是经济性问题。经济性主要体现在票价上，城市轨道交通作为城市公共交通的组成部分，具有公益性质，其票价不仅取决于自身运营成本，还受运输票价水平、城市发展水平、市民生活水平及乘客承受力等多种因素的制约，并不单纯追求盈利。

3. 便捷性

便捷，也是衡量轨道交通旅客运输服务的一个不可缺少的方面，主要包括购票、发车频率、换乘等方面的方便程度。

4. 舒适性

随着城市居民物质和文化生活水平的提高，以及交通运输的发展，乘客对运输过程中的舒适性要求不断提高，舒适性已成为乘客选择某种交通工具的一个重要条件。

5. 瞬时性

城市轨道交通客运服务对象是乘客，且客运服务对象时刻在发生变化。服务过程一结束，服务就消失，乘客即使不满意也无法更换或退回服务。城轨企业通过对员工的客运服务、安全意识、处理乘客投诉技巧等业务的培训，提高员工的综合素质，从而减少客运服务能力供给不足或浪费的现象，确保乘客得到最好的服务。

6. 无形性

客运服务属于无形产品，乘客在购买服务之前，看不见，摸不着，闻不到，这就要求作为服务提供者的城市轨道交通运营企业必须增加服务的有形性，尽可能通过实物的方式来表现出自身的服务水平，如整洁的车站环境、有序的客流组织、清晰明确的导向标志等。

7. 可替代性

乘客的出行方式是多样化的，可以选择轨道交通、其他公共交通、自驾车以及自行车等各种类型的交通工具。

二、城市轨道交通客运服务职业素养基本要素

城市轨道交通工具作为一种现代化的交通工具，直接面对广大乘客就是轨道交通的客运服务工作，客运服务工作是直接反映轨道交通系统运营管理水平的重要标志之一，也是反映城市文明程度的一个窗口。因此，城市轨道交通客运服务具有以下基本要素。

1. 正面的服务心态

（1）积极开朗。保持积极的心态和开朗的心境，不但可以令服务人员多些笑容，少些皱纹，更可以让其在面对挑战和冲突时，容易控制自我情绪并有效处理问题。

（2）体贴关心。人与人之间贵在真诚，而乘客服务之道亦是如此。只要以乘客为先，致力于用诚恳的态度，用心主动关怀乘客，自然会有好的服务效果。

（3）将心比心。要真正了解乘客的需求和感受，从乘客的角度出发，运用同理心去聆听、回应及灵活处理每一位乘客的需求，只要能易地而处，关心及尊重乘客，满足乘客的合理需求，就能获得良好的服务效果。

2. 安全整洁的环境

（1）服务人员应时刻具备安全意识，留意任何有危险性的事件，及时发现并处理安全隐患，减小发生意外的概率。

（2）保持乘车环境的整洁，提升乘客满意度。

3. 良好的仪容仪表

（1）乘客最常见到的是车站服务人员，第一印象非常重要，一个好的开始就是成功的一半，作为服务人员要时刻保持制服清洁和整齐，佩戴工牌上岗。

（2）保持良好的仪表，令乘客产生亲切感和信心。

4. 对乘客不当行为的警惕

（1）维护城市轨道交通运营企业和乘客的利益，制止违法行为。

（2）礼貌劝阻乘客的不当行为，制止违反城市轨道交通运营企业相关规定的行为。

三、城市轨道交通服务人员职业素养总体要求

城市轨道交通客运服务对象是所有乘坐轨道交通的乘客，客运服务人员通过言语、举止等对乘客表示尊重和进行服务。城市轨道交通客运服务人员在面对乘客时必须做到以下几点：

1. 主动热情

主动热情是指服务人员即使在乘客暂时不需要服务时，也要眼观六路，耳听八方，心里想着乘客，眼里看着乘客，为乘客提供服务。优秀的服务人员往往能够在乘客尚未发出"请提供服务"信息之前就察言观色，主动服务。除此以外，客运服务人员要保持持久的热情。无论乘客如何挑剔，也无论自己受到了多大的委屈，始终要以积极热情的态度面对每一位乘客，这种热情要建立在以服务为荣的基础上。

2. 控制情绪

作为一名优秀的客运服务人员，应善于控制自己的情绪、约束自己的情感、克制自己的举动。不论与哪一种类型的乘客接触，无论发生什么问题，都能够做到镇定自若，不失礼于人，要记住，不能控制情绪的服务人员是肯定做不好服务工作的。

当乘客有不满情绪时，往往会对服务人员提出批评，这种批评可能会在不同场合以不同方式提出来。当乘客在公开场合向服务人员疾言厉色时，往往会使人难以接受。遇到这种情况，客运服务人员首先需要冷静，不要急于与之争辩，切不可针锋相对，使矛盾激化而难以收拾。如果乘客无理取闹，可以交相关部门或人员解决。

当乘客表现得不礼貌时，更要做到有礼、有理、有节地解决问题。

有礼，即临辱不怒。面对乘客的不礼貌行为时，客运服务人员不应生气发火，而应沉着冷静，以妙语应粗语，以豁达应愚昧，以文雅对无礼，使个别乘客对自己的行为过意不去，只有这样，才不至于使自己陷入被动的境地，才能够维护企业的窗口形象。

有理，即动之以情，晓之以理。虽然这些乘客态度生硬，但是一旦发现自己理亏，得不到大多数人的支持，就会有所收敛。

有节，乘客毕竟是乘客，是服务对象，不能因为乘客有过错而心存芥蒂。要记住和乘客的争论最终受到损失的是企业而不是乘客，同时，对乘客的宽容也会得到回报。

3. 处变不惊

列车就是一个小社会，各式各样的人都有，各种情况和突发事件都有可能发生，因此，要求客运服务人员一定要有处变不惊的能力。在面对一些喜怒无常、无理纠缠的乘客时，在遇到列车晚点、发生突发事件时，都需要客运服务人员"临变不乱"来应对各种突发状况。这就要求服务人员熟知各类应急处置预案，培养良好的心理素质。

4. 学会"倾听"

在接待乘客，为乘客提供服务时，要学会换位思考，站在乘客的角度考虑问题，将心比心地感受乘客的心情。只有带着这样的情感去听乘客的叙述，才是真正听懂乘客心声的好办法，只有

听懂了，我们提供的服务和处理意见才能符合乘客的需求，才是乘客能接受的。所以倾听是乘客服务中不可或缺的沟通技巧，有效的技巧建立在关心乘客的态度及真心希望去了解乘客的意图上。

5. 学会表达

在与乘客交流时，语气和语调是非常重要的。在语言学中，语调是指说话时声音高低轻重配置而形成的腔调，是说话者内心感受的语言表达。因此语调往往成为语言表达正确与否的关键，同样一句话，不同语调能反映出说话者不同的心情。作为服务者必须练习对乘客讲话的语调。错误的声调，往往会造成乘客的误解，造成对服务质量的不满。城市轨道交通服务人员应该通过语调的正确运用传递给乘客一个信息：我乐于帮助你们。

6. 学会使用肢体语言

服务人员除了要掌握必需的"听说"技巧，还要掌握与听和说相辅相成的肢体语言、表情。要知道，即使单独使用肢体语言，也是能实现信息传递的。因此即使使用了最高的听说技巧，但假如使用了不一致的肢体语言，那么，无论语调多温和，说话多动听，乘客听了觉得还是只有一个意思——拒绝服务。因此必须让肢体、语言、表情与服务同步，如此才能真正体现"愿意真心为乘客提供服务"的意图。

学习和熟练运用客运服务技巧，建立自己的特色服务品牌，为广大乘客提供满意的服务，是城市轨道交通客运服务追求的目标。

任务三　城市轨道交通客运服务的基本内容

一、城市轨道交通运营企业的总体服务流程

随着我国城市化步伐加速，大力发展以城市轨道交通为骨干的城市公共交通系统已成为城市发展的关键一环。合理使用人力资源，有效降低人力成本，最大限度地发挥人力资源的效益，提高服务质量，使乘客在出行过程中得到最优的服务，这已经成为各地轨道交通运营企业最重要的事项。城市轨道交通运营企业总体服务流程，如图1-1所示。运营企业只有处理好乘客出行过程中的各个服务环节，为乘客提供舒适、快捷、安全、经济的出行体验，提供最优服务，才能获得乘客好评。

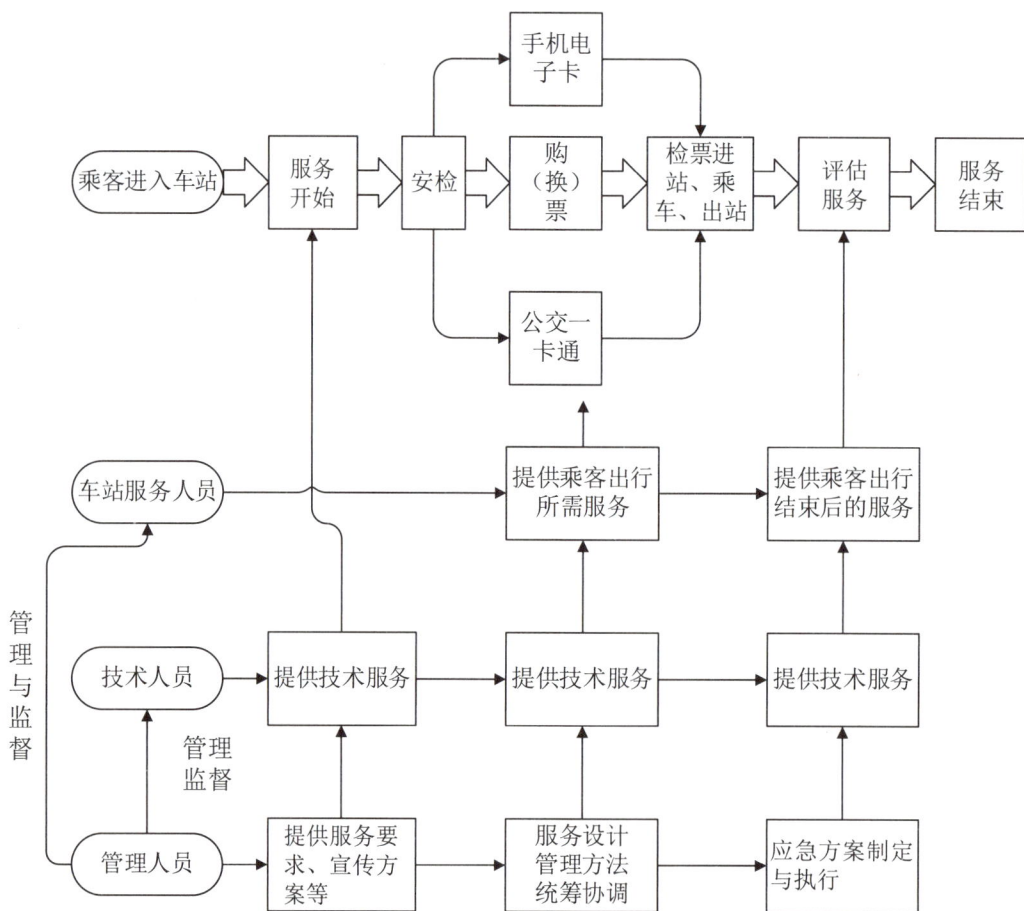

图1-1　城市轨道交通运营企业总体服务流程

二、城市轨道交通车站客运服务内容

城市轨道交通车站是提供乘客上下车的交通集散地，当乘客一进入地铁车站，轨道交通运营企业的服务就开始了，一直到乘客在目的地下车出站后服务才结束。乘客在乘坐地铁的过程中随着时间的变化，其需求是有所不同的。城市轨道交通乘客出行需求图，如图1-2所示。因此，乘客乘坐地铁的过程就是车站服务的过程，服务人员在每一个环节中都要热情、周到、细心。乘客乘坐地铁的各个环节，如图1-3所示。

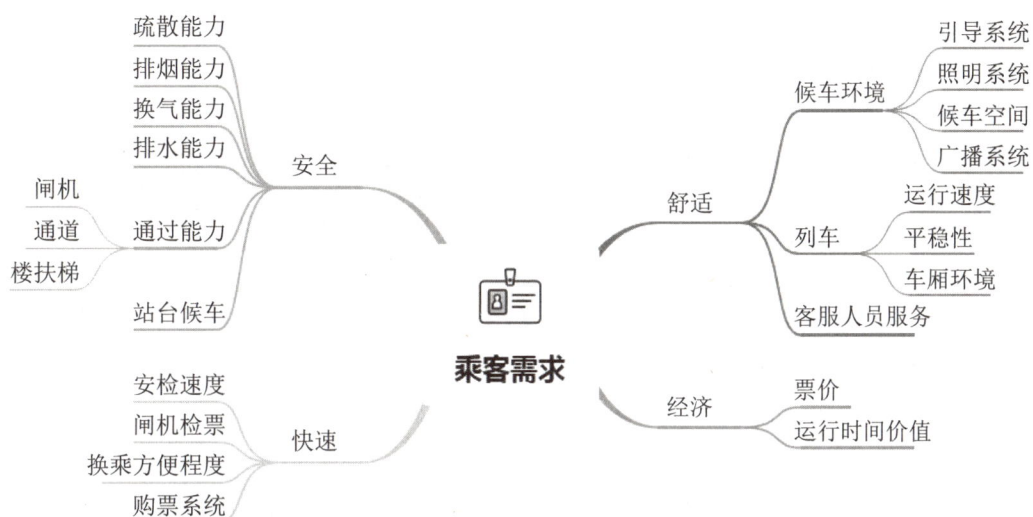

图 1-2 城市轨道交通乘客出行需求图

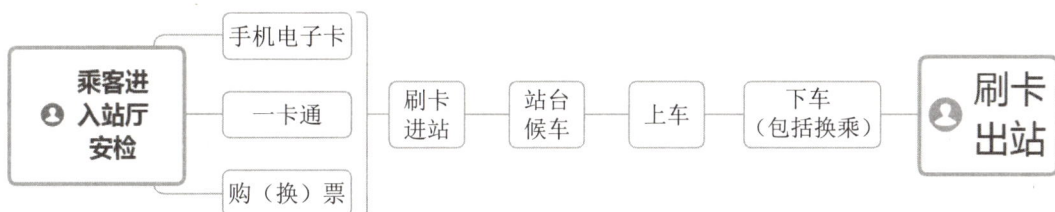

图 1-3 乘客乘坐地铁的各个环节

1. 安检服务环节

安检是进入轨道交通车站的最重要的环节之一，是确保轨道交通安全运营的有效手段。当然安检时，车站最容易发生拥堵，车站服务人员既要做好人员、财物的安检工作，也需要做好引导工作，保障客流能顺利快速通过，同时还要负责乘客财物的安全，维持好秩序。

2. 票务服务环节

乘客通过闸机进入车站付费区的方式现在一般有三种，即单程票刷卡、手机电子卡扫码和一卡通刷卡。单程票的购买现在都采用自助售票的方式，持一卡通卡的乘客如要充值，一般也是通过自助服务完成。车站咨询中心一般只提供换零、充值与补票的一些服务。在乘客购票、充值的过程中，车站服务人员应协助指导乘客规范使用自动售票机、自动充值机、自动查询机以及手机扫码等，严格按照票务管理的相关作业程序进行作业，做到热情、方便、准确、迅速。当乘客将所持车票、一卡通、手机电子卡放在相应刷卡区域，经检票无误后，闸机释放，让乘客通过闸机进入付费区。服务人员需要提供问询服务、处理坏票服务和提醒服务等。

乘客乘坐轨道交通到达目的车站后，需从闸机处再次刷卡出站。和进站服务一样，服务人员需要提供问询服务、处理坏票服务和提醒服务。

3. 站台服务环节

当乘客进入站台区域后，车站服务人员应引导乘客文明乘车，向乘客宣传在黄线以外、屏蔽门两侧候车，维持站台乘客候车秩序，阻止乘客在站台追逐打闹的行为。在列车到站后，车站服务人员要提醒乘客先下后上，在车门或屏蔽门开、关过程中，制止乘客强行上下列车行为，车门或屏蔽门关闭后，禁止扒门等行为。在乘客下车后出站台时引导乘客快速、安全地离开站台区域，确保站台区域乘客能正常上下车。

【复习与思考】

1. 城市轨道交通客运服务的基本特性有哪些?
2. 列举轨道交通客运服务人员的素质要求。
3. 列举轨道交通客运服务的基本内容。

项目二
城市轨道交通车站服务人员的职业形象

【引言】

一个成功职员的形象，展示出的是自信、尊严、能力，他不但能够得到领导和同事的尊重，也成功地向公众传递公司的价值、信誉。一个职员的形象是保证公司成功的关键之一。

——英格丽·张

【学习目标】

1. 能够准确把握城市轨道交通车站服务工作中的仪容与着装礼仪。

2. 能简述服饰打扮的基本原则，能够正确着装，并能够进行正确的色彩搭配。

3. 能根据不同的场合、不同的活动选择合适的服装与饰物。

4. 学会服饰穿戴的正确方法、仪容的修饰与化妆的基本技能。

5. 学会正确的形体训练方法，塑造良好的职业形象。

6. 培养学生独立思考的能力和自主学习的能力。

7. 通过职业形象训练和小组合作，培养学生服从安排，具备吃苦耐劳、顾全大局、团结协作、一丝不苟的工作态度。

【知识加油站】

在人际交往中，人们普遍对交往对象的个人形象倍加关注，并且都十分重视以规范的、得体的方式塑造、维护自己的个人形象。个人形象在构成上主要包括六个方面。它们亦称个人形象六要素。

第一是仪容：指一个人形体的基本外观。

第二是表情：通常是指一个人的面部表情。

第三是举止：指一个人的肢体动作。

第四是服饰：是对一个人穿着的服装和佩戴的首饰的统称。

第五是谈吐：一个人的言谈话语。

第六是待人接物：一般是指与他人相处时的表现，亦即为人处世的态度。

在城市轨道交通车站客运服务过程中，乘客流动性非常大，如何给乘客留下良好的第一印象？车站客运服务人员的职业形象就非常重要，调查发现，良好的第一印象是由 55% 的仪容仪表、38% 的举止表情和 7% 的言语交流构成。

任务一　仪容仪表训练

【实训内容】

服务人员的化淡妆实训。

【实训目标与要求】

1. 了解城市轨道交通车站服务人员仪容仪表的基本要求。
2. 掌握城市轨道交通车站客服人员的职业淡妆的基本操作步骤。
3. 学会化淡妆的方法。

【实训材料与工具】

粉底、眼影、眼线笔、眉笔、腮红、睫毛膏、睫毛夹、口红等。

【实训方法】

学生每5人一组，根据不同场合进行化淡妆并展示；分组考核；学生点评总结。

【知识加油站】

仪容美是指美好的或健康的外貌和气质，仪容美的三个维度是仪容自然美、仪容修饰美和仪容内在美。在城市轨道交通服务人员服务乘客过程中，每个客运服务人员的仪容都会引起乘客的特别关注，并将影响乘客对客运服务人员服务质量的整体评价。

一、仪容修饰的基本要求

仪容，一般是指人的外观、外貌，主要是指人的容貌，包括面容、发式等。城市轨道交通车站服务人员的服务对象是广大乘客，需要对自己的仪容仪表予以高度重视，把自己良好的职业素养（包括精气神、容貌）展示给乘客。

城市轨道交通车站服务人员为了维护自我形象，有必要修饰仪容。在仪容的修饰方面要注意整洁、自然、端庄，城市轨道交通服务人员仪容修饰要求见表2-1。

表 2-1 城市轨道交通服务人员仪容修饰要求

面容（整体洁净清爽，无汗渍和油污等不洁现象）	眼睛	眼角无分泌物，清爽明亮。不戴墨镜或有色眼镜，不戴夸张的美瞳，女性不用人造假睫毛，不化浓眼影
	耳朵	耳朵内外干净，耳朵上无异物
	鼻子	鼻孔干净，不流鼻涕，鼻毛不外露。不当众擤鼻涕、挖鼻孔
	胡子	男生不得留胡须，养成每天剃须的习惯；女士若内分泌失调长出类似胡子的汗毛，应及时治疗
	嘴	注意口腔卫生，保持口气清新，避免嘴角有残留物，女性口红颜色不得过于艳丽，口红不能残妆示人
	牙齿	清洁、无食品残留物，根据个人情况尽可能定期到医院进行洁牙
发部	头发	干净、整洁，没有头屑。男女发型要符合公司要求

二、发型修饰的基本要求

作为城市轨道交通车站服务人员，发型不仅要考虑对象、环境，还要考虑自身特点。面对乘客时，服务人员发型要以庄重、严肃、落落大方为原则，而且还要严守公司的特殊要求。

1. 发部的整洁

服务人员的头发必须保持健康、秀美、干净、清爽、卫生、整齐，注意头发的养护、清洗、梳理。头发清洁能给人留下干净卫生、神清气爽的印象。披头散发、蓬头垢面则给人萎靡不振甚至缺乏教养的感觉。因此，服务人员无论在工作中还是交际活动中，都要对头发勤于梳理、清洗，保持卫生清洁。

2. 发部的造型选择

选择发型除了考虑个人偏好外，最重要的是要考虑个人条件和工作场合，体现和谐的整体美。面对乘客这一群体，服务人员的发型选择要以庄重、严肃、落落大方为原则。

（1）男性客运服务人员的发型选择。长短适中，前发不要过双眉，侧发不掩耳，后发不及衣领，不留大鬓角，不要剃光头，不要过分追求时尚，更不要标新立异。刘海和鬓角不可过长，发尾不可超过衬衫领口，需要时适当地涂抹发胶。

（2）女性客运服务人员的发型选择。长发束起盘于脑后，保持两鬓光洁，无耳发。刘海可卷可直，但必须保持在眉毛上方。任何发型均应使用发胶定型，不得有蓬乱的感觉。

（3）发型整理。发型应适合自己的脸型、风度。工作时按照规定梳理发型，不得梳各种怪异发型。

13

图 2-1　戴帽子的效果

（4）佩戴帽子与发饰要求。男性客运服务人员帽檐与眉毛保持水平，不露头帘。女性服务人员帽檐在额头的 1/2 处，不露出刘海，两侧不留耳发，发花与后侧帽子边沿相贴合，戴帽子的效果如图 2-1 所示，发饰只宜选择黑色且无花色图案的发卡。

三、化妆的要求

化妆是一门艺术，适度而得体的化妆可以体现女性的端庄和美丽。对于一线服务人员来说，和谐得体的妆容也是留给乘客美好印象的第一步。

1. 化妆的原则

脸部化妆一方面要突出五官最美的部分，另一方面要矫正缺陷或掩盖不足的部分。妆分为浓妆和淡妆两种。浓妆是一种艳丽的美，给人庄重高贵的感觉，可用在晚宴、演出等特殊的社交场合。淡妆是一种是趋于自然的美，给人大方、悦目、清新的感觉，最适合在家或平时上班时使用。无论是淡妆还是浓妆，都需要恰当使用化妆品，并结合一定的艺术处理，才能达到美化形象的目的。化妆的基本原则如下。

（1）自然淡雅的原则。城市轨道交通服务人员上岗之前要求化淡妆，即不要有明显化过妆的痕迹。因为底妆厚重、色彩过白、烟熏妆、眼线过重等都会让乘客感到不自然。总的来说，服务人员的妆容应自然大方、朴实淡雅。

（2）扬长避短的原则。职业妆适当展现自己的优点是比较好的选择。避短就是将自己面部不太满意的部位通过化妆进行弥补，达到美观、自然、和谐的效果。

（3）整体协调的原则。化妆需要参考我们的职业、年龄、性格及五官特点等因素，职业妆应使整个妆面协调，并且应与全身的装扮相协调，与自己的身份、所处的场合等相协调。

2. 化妆的禁忌

城市轨道交通服务人员在化妆时需要避免某些不应出现的错误，具体包括以下几个方面。

（1）离奇的创意妆。服务人员化工作妆时不能脱离自己的工作角色，不能追求怪异、神秘的妆容，使人感觉过于突出、另类。

（2）残妆示人。在工作中出汗、休息或用餐后，容易脱妆，残妆给人懒散、邋遢之感，所以服务人员要注意及时补妆。

（3）当众化妆。化妆属于个人隐私，原则是在家中完成化妆过程。如果需要临时补妆也应在洗手间或隐蔽处。

3. 化妆的基础程序

（1）妆前准备。妆前准备的程序：束发—洁肤—护肤—修眉。

①束发。化妆前可以用发夹或者头箍把头发固定起来，以免影响下一步的操作。

②洁肤。化妆前可用温水及洗面奶洗去脸上的油脂、汗水、灰尘等，用喷雾二次清洁脸部（采用一边喷一边用手轻轻按摩擦洗脸部的方法）以使面部干净光亮。

③护肤。一般要求根据不同的肤质选用不同类型的护肤品，可以先采用爽肤水给皮肤补充水分或是收缩毛孔。在冬季选择霜、膏类护肤品，夏季可选择乳液、水质护肤品，令肌肤柔滑，对皮肤起到保护作用。

④修眉。可用眉刀或眉钳根据自己具体的眉形进行修正，使之更加清秀。

（2）化淡妆步骤，如表2-2所示。

表2-2　化淡妆步骤

基本步骤
第一步是防晒隔离。主要是为了隔离空气中的粉尘、污垢、紫外线的照射，起到保护皮肤的作用。一般来讲防晒隔离霜适合干性皮肤，防晒时间为6个小时；防晒隔离乳适合油性和敏感性皮肤，防晒时间为2到4个小时。我们可以挑选一定防晒指数的防晒霜，均匀涂抹在脸颊，起到对紫外线的隔离作用；同时根据自己肤色挑选不同颜色的隔离霜，起到保护皮肤与彩妆进行隔离的作用。
第二步是打粉底。在打粉底之前我们可以用修颜液对自己的脸部进行一定的调整。一般来讲偏黄的皮肤可用淡紫色的修颜液进行调整；偏白的皮肤可以用淡绿色的修颜液来进行调整。打粉底的目的是让自己的皮肤显得更细腻，一定要选择适合自己肤色的粉底，一般我们可以选比自己肤色稍微暗一点的或与自己肤色相近的粉底，这样的妆会显得透明。打粉底时我们可以用海绵或手指取适量粉底涂抹细致均匀，特别要注意面部与脖子的衔接，不要出现衔接处反差很明显的痕迹，否则最后的效果会很难看；我们还需要上粉饼或散粉进行定妆，要达到调整肤色、遮盖瑕疵，使皮肤光亮的效果。
第三步是画眉。一般我们是先描绘眉形，不要一笔拉到底，一点一点化。然后在眉毛空隙处一笔一笔填，使整条眉毛色调均匀自然。在画完眉毛后，用眉刷沿着眉形将眉毛和描绘的颜色充分融合在一起。注意在画眉时一定要掌握这样一个原则：眉头淡，眉坡深，眉峰高，眉尾要清晰。这样画出来的眉毛才会让人感觉自然不夸张。
第四步是画眼影。眼睛是心灵的窗户，漂亮的眼睛是给乘客好感提高服务质量的关键。它能提升眼部立体感，塑造眼睛的轮廓与个性，增强服务人员脸庞的亲切感。服务人员一般采用既快速又美观的单色眼影画法。画眼影时一般从外眼角开始，外深内浅，眉下方处要用亮色，选与衣服相配合的眼影。最简单的方法就是先将眼影涂抹在眼皮上，从眼尾至眼头都浅浅刷上一层。最后再用眼影刷轻轻向上晕染即可。
第五步是画眼线。画眼线时要贴着睫毛根部描画，淡妆眼线稍细些，画眼线时上方从眼睛的三分之二处开始画，下方画二分之一，也有人不画下眼线的，这样可以显得清纯些。

基本步骤
第六步是刷睫毛。睫毛对眼睛的塑造有非常大的作用，能让眼部看上去更加明亮，进而让整个人显得更可亲。作为服务人员，睫毛膏应以黑色、深棕色为宜。刷睫毛时一般要先夹睫毛。夹睫毛的顺序一般是从根部、中部再到睫毛尖，让睫毛显得更翘，然后上下均匀地涂抹睫毛膏后，再拉"Z"字形涂，这样可以让睫毛看起来更长、更浓。
第七步是上腮红。上腮红的主要目的是让服务人员呈现健康红润的气色及突出面部立体感。上腮红时应涂在微笑时面部的最高点，均匀晕染。皮肤白的人一般选用粉色，肤色较深的一般选用桃红或珊瑚色。当然如果服务人员本身脸部皮肤比较红润，可以不上腮红。
第八步是涂口红。口红的颜色要与整体妆容、衣服颜色相配。唇膏的颜色一般要与腮红颜色保持协调，注意它们的颜色应属同一色系。涂口红最简单的方法就是把口红涂抹到唇珠的位置之后，闭上嘴巴并使劲抿嘴唇上的口红，同时嘴巴要左右动一下，这样可以让口红在嘴唇上涂抹得更均匀。为增加口红的亮度与质感，可配上透明色唇彩，也可使用白色或液体唇膏来保持唇部湿润，并使唇膏颜色保持持久。

4.化妆注意事项

（1）使用与自己肤色、制服颜色相协调的颜色。

（2）脸色不好时一定要用粉底与腮红掩盖。使用液体粉底可以使皮肤看起来细腻。在使用粉底时注意不要让脸部与头部有明显的分界线。用海绵上妆可以使化妆匀称。

（3）注意要在饭后补妆，保持妆容整洁。注意脸部的油脂，特别是"T"区内，要定时用吸油纸或纸巾拭干。补妆应在洗手间完成。

（4）要讲究化妆品的卫生，化妆用具要经常清洗，不要借用他人的化妆品。

5.不同脸型的化妆技巧

（1）大脸型的化妆窍门。想使大脸孔看起来较小，在化妆时，可先在面部周围抹上颜色稍深的粉底，面孔中央部分则敷以薄薄的淡妆。

（2）三角脸型的化妆窍门。三角脸型的化妆应尽量使下巴缩小，额的宽度则应尽量看起来宽大。为了弥补下巴突出的部分，阴影最好画宽一些，一直到下巴附近为止。

口红应描成自然的曲线，尤其是下唇看起来要厚些，眉毛则应尽量笔直地向横方向描绘，至眼角处稍微向下弯些。

（3）倒三角脸型的化妆窍门。将阴影画于面颊突出的地方，以此可弥补面颊的宽度，而从阴影渐向面颊开始变窄的部分慢慢转淡。口红应涂以相当的宽度，亦即不要由其中立刻变细。画眉时，在眼梢处应稍有曲线，并向下垂，眉毛不要画得太靠上面。眼影则应向鼻子两旁渐渐转淡，眼角处之染眉剂最好用浓些。

（4）圆脸型的化妆窍门。脸型圆者，由于面颊及下巴的地方较为丰满，因此整张脸看起来圆圆的。为了缩短面孔的宽度，使脸孔看起来较长，化妆的时候不可以使用曲线。眼影由面颊而向前面及鼻子部分慢慢转淡，并由面颊中央向从后面涂淡，至下巴处完全消失不见。

（5）四方脸型的化妆窍门。四方脸型者，化妆最重要的是尽量想方法把轮廓生硬的地方掩饰住，形成柔和的线条。化妆时将阴影自面颊后到脸部前面为止渐渐地转淡。

【小贴士】皮肤类型及护理

了解自己的皮肤类型，选择适合自己的护肤品和化妆品。干性皮肤需要滋润型的护肤品，油性皮肤需要控油也需要保湿，皮肤类型及护理，如表 2-3 所示。

表 2-3　皮肤类型及护理

类型	光泽	弹性	毛孔	斑点	痘痘	皱纹
干性	差	差	细小	有	少	有
中性	好	好	细小	无	无	无
油性	好	好	有	中少	有	少
混合性	T 部位中性，两颊干性		T 部位油性，两颊干性		T 部位油性，两颊干性	

【考核评价】

化淡妆的考核评价标准，如表 2-4 所示。

表 2-4　化淡妆的考核评价标准

考核项目	考核要求	分值	得分
基础底妆	1. 打底工具选用正确 2. 底妆服帖自然均匀	10 分 10 分	
眼部化妆	1. 眼线涂抹均匀，无残缺 2. 正确使用睫毛夹和睫毛膏，睫毛涂抹不打结 3. 眉毛：选用色彩合适的眉笔，眉形搭配合理	10 分 10 分 10 分	
涂腮红	腮红色彩选择恰当，晕染均匀	10 分	
画口红	色彩与腮红色系一致，轮廓饱满明亮	10 分	
整体效果	1. 发型标准、规范 2. 妆面整体效果干净美观 3. 化妆时间不多于 10 分钟	10 分 10 分 10 分	

任务二　服饰礼仪训练

【实训内容】

服务人员的正装及打领带实训。

【实训目标与要求】

1. 了解城市轨道交通客服人员领带的基本打法。
2. 掌握城市轨道交通客服人员着装的基本原则。
3. 掌握打领带的基本方法。
4. 掌握男女正装穿着的规范与方法。

【实训材料】

正装、领带、衬衫等。

【实训方法】

学生每 5 人一组，根据不同场合进行服装搭配的原则以及自身衬衫衣领的特点，选择合适的领带打法，打领带并展示；分组考核；学生点评与老师点评相结合。

【知识加油站】

对城市轨道交通工作人员而言，服饰是自己身份的象征，同时也代表整个公司的形象。良好的形象，能让乘客从视觉上有认同感，同时也让乘客感受高标准的服务质量。

一、着装的基本原则

1.TPO 原则（时间、地点、场合原则）

（1）时间原则（Time）。职业人士在着装时，必须考虑时间层面，每天的早晨、中午、晚上等阶段，春、夏、秋、冬四个季节，服装要做到随时间和季节变化而更替。

（2）地点原则（Place）。特定的地点、环境需要配以相适应、相协调的服饰，以获得整体的和谐感，实现人与地点相融洽的最佳效果。

（3）场合原则（Occasion）。即在选择服装时，必须与特定的场合相吻合。

2. 应己的原则

所谓应己，就是指着装要符合自身的条件和特点，主要包括：

（1）服饰样式应与自己的年龄和性别相适合；

（2）服饰颜色与肤色要协调；

（3）着装时应考虑到自身的形体。

3. 整体原则

穿着还应该做到整体性，就是着装者需要根据自身的形体、气质考虑服饰的款式、质地、颜色等，从而达到整体的和谐美。

二、正装的穿着

1. 男士

在重要会议和正式宴请等场合，男士一般以西服为正装。一套完整的西服包括衬衫、领带、西裤、上衣、腰带、袜子和皮鞋。

（1）男士西服穿着规范，如图2-2所示。

①搭配得体。西服合体，不宜过长或过短，熨烫平整，整洁挺括。要求穿套装，穿着颜色最好选用深色，整体搭配不要超过三种颜色。

②衬衫选择。衬衫衣领要硬扎、干净，应为纯色，以浅色为主，白色最常用。衬衫衣领高于西服衣领1.5厘米左右；垂臂时，西服袖口长于衬衫袖口；抬臂时，衬衫袖口长于西服袖口1.5厘米左右，以显示西服层次。

③领带的标准。领带是西服的灵魂，在正式场合，男士要打领带，领带有单结、双结、温莎结等系法。领带长度以在皮带扣处为宜。

④纽扣系法。西装分单排扣西服和双排扣西服两种：单排三粒扣西服系上方两粒或中间一粒；两粒扣西服系上方一粒；双排扣西服扣子全部扣上。

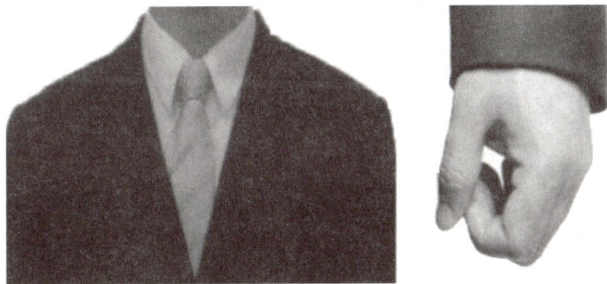

图2-2 男士西服穿着规范

⑤西裤。西裤长度以触到脚背为宜，裤线熨烫好，裤扣扣好，拉链拉好。

⑥西服口袋。上衣和西裤后侧口袋尽量不放物品，名片、笔等轻薄物品可放在西服左侧内侧口袋。

⑦鞋袜。穿西服配黑色袜子、黑色皮鞋，鞋面清洁光亮，袜筒不宜过短。

（2）男士西服穿着禁忌，如图2-3所示。

①忌西裤短，标准长度为裤管盖住皮鞋。

②忌衬衫露在西裤外；忌衬衫领太大，领脖间存空间。

③忌领带颜色刺目；忌领带短，领带尖应盖住皮带扣；忌不扣衬衫扣就佩戴领带；忌领带佩戴歪斜、松弛。

④忌西服袖子过长，应比衬衫袖短 1 厘米。

⑤忌西服上衣口袋鼓起来。

⑥忌西服配运动鞋。

⑦忌皮鞋和鞋带颜色不协调。

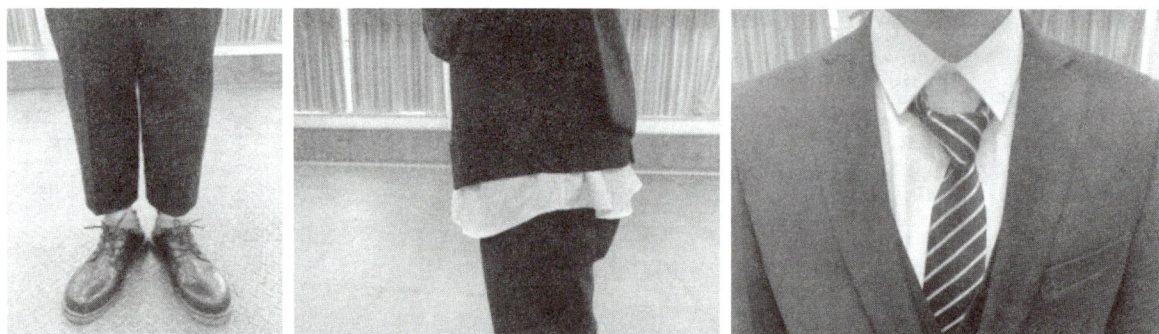

图 2-3　男士西服穿着禁忌

（3）常用领带打法

①平结（Plain Knot）

平结是男士们选用最多的领带打法之一，平结图解如图 2-4 所示，几乎适用于各种材质的领带。完成后，领带呈斜三角形，适合窄领衬衫。

要诀：图中宽边在左手边，也可换右手边打；在形成凹凸情况下，尽量让两边均匀且对称。

图 2-4　平结图解

②温莎结（Windsor Knot）

温莎结是因温莎公爵而得名的领带结，温莎结图解如图 2-5 所示，是最正统的领带打法。打出的结成正三角形，饱满有力，适合搭配宽领衬衫。该种打法应避免使用材质过厚的领带。

要诀：宽边先预留较长的空间，绕带时的松、紧会影响领带结的大小。

图 2-5 温莎结图解

③半温莎结（The Half-Windsor Knot，又称十字结）

半温莎结最适合与尖领及标准式领口系列衬衣搭配，它比温莎结小，系好后的领结通常位置很正。半温莎结图解如图 2-6 所示。

要诀：使用细款领带较容易上手，适合不经常打领带的人。

图 2-6 半温莎结图解

④交叉结（Cross Knot）

交叉结特点在于打出的结有一道分割线，适用于颜色素雅且质地较薄的领带，交叉结图解如图 2-7 所示。

要诀：注意按步骤打完领带是背面朝前。

图 2-7 交叉结图解

⑤四手结（The Four-in-hand Knot）

四手结是所有领结中最容易上手的，适合宽度较窄的领带，搭配窄领衬衫，风格休闲，适用于普通场合，四手结图解如图 2-8 所示。它通过四个步骤就能完成打结，故名为"四手结"。

要诀：图中宽边在左手边。

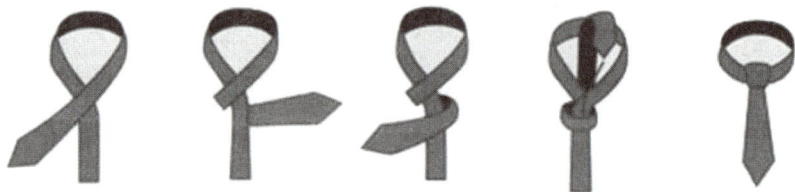

图 2-8　四手结图解

2. 女士

（1）女士职业套装，如图 2-9 所示。

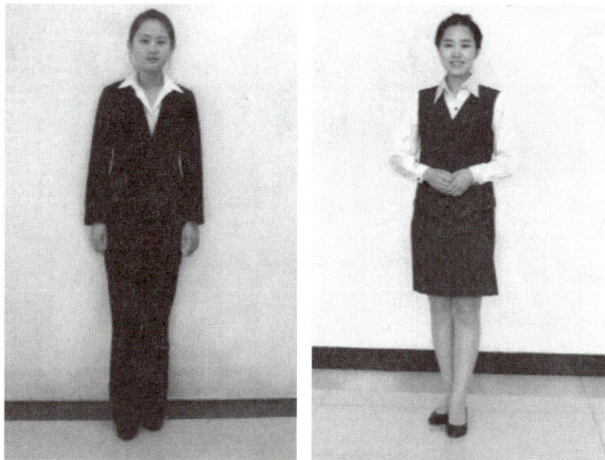

图 2-9　女士职业套装

①职业套装应选择质地上乘的面料，上衣与裙子应使用同一种面料。

②职业装套裙的色彩应淡雅、庄重，不宜过于鲜亮、扎眼。套裙要与工作环境相协调，以浊色调、冷色为主，上下身色彩可一致，也可以是两种不同颜色。

③西装套裙样式很多，如西服裙、一步裙、筒裙、A 字裙等。

④职业装款式有职业套裙、职业套裤、分身半职业装、束腰职业装等。

（2）女士职业装穿着规范

①上衣。上衣讲究平整挺括，较少使用饰物和花边进行点缀，纽扣应全部系上。

②裙子。以窄裙为主，年轻女性的裙子下摆可在膝盖以上 3—6 厘米，但不可太短；中老年女性的裙子应在膝盖以下 3 厘米左右。裙子里面应穿着衬裙。真皮或仿皮的西装套裙不宜在正式场合穿着。

③衬衫。以单色为最佳之选。衬衫的下摆应掖入裙腰之内而不是悬垂于外，也不要在腰间打结；衬衫的纽扣除最上面一颗可以不扣，其他纽扣均应扣好。

④鞋袜。鞋子应是高跟鞋或中跟鞋，款式应以简单为主。袜子应是高筒袜或连裤袜，一般不要选择鲜艳、带有网格或有明显花纹的丝袜。丝袜颜色应与西装套裙相搭配。穿西服套裙应穿肉色丝袜配正装船鞋；穿裤装应配矮腰丝袜、船鞋。

⑤女士配饰。正式场合配饰要考究，不佩戴粗制滥造的饰物，要求质地、做工考究，避免佩戴发光、发声、艳丽夸张的饰物。手提包、首饰、袜子、丝巾、胸花等配饰要具有整体美感。

（3）女士职业装穿着禁忌

①不要穿戴过于性感和暴露的服饰。

②薄纱型衣、裙、裤，因其透光性较强，穿着时需有内衬，不然会显得十分不雅。

③袜子是女性腿部的时装，要注意不应穿着跳丝、有洞或补过的丝袜外出；另外，袜子的大小松紧要合适，不要走不了几步就往下掉，或显得一高一低，当众整理袜子则有失体统；亦不要穿着过于另类的或者颜色较为鲜艳、造型奇特的袜子。

三、制服的穿着

制服标志着自己的职业特色。它的设计充分考虑了穿着者从事的职业和身份，与环境相配，有一种美的内涵。任何公司都有自己的制服，通过一件制服可以看到一个人的职业形象，展现公司的精神面貌。穿上醒目的制服不但易于他人辨认，而且也使穿着者有一种自豪感和责任感。

制服展现了公司的形象。因此，在穿着制服的时候，要注意自己的仪容仪表，注意整洁，使自己的形象、举止符合制服应表现出的企业形象。制服的美观既突出了员工的精神面貌，也反映了企业的管理水平和卫生状况。

1. 制服的穿着要求和规范

（1）外观整洁。制服应平整挺括、完好无损、干净卫生、无异味，避免褶皱。

（2）文明着装。避免穿着过分裸露、包头和过分瘦小的服装。

（3）穿着搭配得当。配饰搭配以少而精为原则，色彩、款式不超过3样；丝巾、领带佩戴要规范；鞋袜按正装标准穿着。

2. 制服穿着注意事项

（1）在穿制服时不宜佩戴镶宝石的装饰品，如手镯、悬垂挂件、装饰戒指、胸针、脚链等。

（2）工作时不得佩戴两枚以上超过5 mm的戒指。

（3）耳针的大小不许超过黄豆粒或3 mm，不许有悬垂物。

（4）工作时不能佩戴装饰项链、珍珠项链等较夸张的饰物，最好佩带一条素链。

（5）头上不得佩戴发圈和有颜色的发夹。

3. 佩戴服务标志的要求

（1）上岗必须佩戴统一的服务牌。

（2）服务标志应该佩戴端正，不要歪斜。注意经常检查。

（3）服务牌佩戴于左胸前第一颗扣子上方，或者按照公司统一要求佩戴。

4. 佩戴职业帽子要求

（1）男士前发与帽檐边保持水平，不露头帘。

（2）女士帽檐在额头 1/2 处，不露刘海，两侧不留耳发，发花与后侧帽子边沿要贴合，发饰选择没有花纹的黑色发卡。

【考核评价】

1. 打领带评价标准，如表 2-5 所示。

表 2-5　打领带评价标准

考核项目	考核要求	分值	得分
选择领带打法	1. 适合自己的衬衫衣领 2. 适合场合	20 分 10 分	
打领带过程	1. 自己独立完成，不需要参照书本图解 2. 领带打法正确，并在 10 分钟之内完成 3. 打好后的领带美观，领带松紧合适	20 分 20 分 30 分	

2. 男士制服穿着考核评价标准，如表 2-6 所示。

表 2-6　男士制服穿着考核评价标准

考核项目	考核要求	分值	得分
制服基础规范	1. 外观整洁，无异味 2. 熨烫整齐，无破损	10 分 10 分	
制服的穿着规范	1. 衬衫、领带、西服和皮鞋的颜色搭配正确 2. 衬衫整洁、挺括、扎法正确 3. 衣领、袖口着装规范 4. 领带的佩戴符合标准 5. 扣子系法正确 6. 西裤的长度合适 7. 鞋袜颜色搭配正确	10 分 10 分 10 分 10 分 10 分 10 分 10 分	
职业标志与帽子佩戴	1. 标志佩戴正确 2. 帽子佩戴正确美观	10 分	

3. 女士制服穿着评价标准，如表 2-7 所示。

表 2-7 女士制服穿着评价标准

考核项目	考核要求	分值	得分
制服基础规范	1. 外观整洁，无异味 2. 熨烫整齐，无破损	10 分 10 分	
制服的穿着规范	1. 配饰佩戴规范 2. 衬衫整洁、挺括、扎法正确 3. 衣领袖口着装规范 4. 上衣、裤装搭配合理 5. 鞋袜搭配合理	10 分 20 分 10 分 20 分 10 分	
职业标志与帽子佩戴	1. 标志佩戴正确 2. 帽子佩戴正确美观	10 分	

任务三　仪态礼仪训练

【实训内容】

服务人员的仪态礼仪实训。

【实训目标与要求】

1. 了解城市轨道交通客服人员微笑的训练方法。

2. 掌握城市轨道交通客服人员坐、立、行、蹲等正确姿态。

3. 掌握坐、立、行、蹲的基本训练方法。

【实训材料】

正装、领带、衬衫等。

【实训方法】

学生每5人一组，均着正装，女士穿高跟鞋进行练习。站姿、坐姿等仪态训练每次不少于15分钟，并配以适当的音乐，缓解训练的疲劳，训练时保持良好的心情。

根据不同场合进行训练，分组考核，学生点评与老师点评相结合。

【知识加油站】

仪态，就是人在行为中表现出来的姿态和举止，它包括举止动作、神态表情和相对静止的体态。中国传统礼仪的要求是"站如松，坐如钟，行如风，卧如弓"，在当今社会，仪态已被赋予了更丰富的含义。城市轨道交通服务人员如何做到站有站相，坐有坐相，举止端庄，落落大方呢？他们必须以优雅的仪态体现良好的人格修养和文化内涵。

一、表情礼仪

在与乘客交往中，车站服务人员的面部表情可以给人们最直接的感觉和情绪体验。当表情与语言、行为表示一致时，就会拉近车站服务人员与乘客间的距离。同时，好的表情也能给乘客带来好的心情和良好的沟通体验。

1. 表情礼仪的基本原则

在与乘客进行交流时，表情的应用要遵循以下四个原则。

（1）谦恭原则。这是工作人员主动向客人表示尊敬的一种方式，是服务对象首要的心理需求，也是评价服务水平的重要标准。

（2）友好原则。友好是服务人员主动向客人表示希望与之沟通和欢迎的表现形式，是顺利完成交流的重要基础。

（3）适时原则。适时是要求工作人员的表情神态与所处的场合和工作情景相协调，要求工作人员有较强的应变能力和对情景气氛的感受能力。

（4）真诚原则。所有的语言和行为，如果不是建立在真诚的基础上，就会背离服务目标而走向虚伪，而虚伪必将导致服务失败。

2. 表情礼仪的基本要素

（1）目光。眼睛是心灵之窗，眼神能准确地表达人们的喜、怒、哀、乐等一切感情，服务人员应学会正确地运用目光，为乘客创造轻松、愉快、亲切的环境与气氛，消除陌生感，缩短与乘客之间的距离。

①正视乘客的眼部。接待乘客时，无论是问话答话、递接物品、收找钱款，都必须以热情柔和的目光正视乘客的眼部，向其行注目礼，使之感到亲切温暖。

②视线要与乘客保持相应的高度。在目光运用中，平视的视线更能引起人的好感，显得礼貌和诚恳，应避免俯视、斜视。俯视会使对方感到傲慢不恭，斜视易被误解为轻佻。如站着的服务人员和坐着的乘客说话，应稍微弯下身子，以求拉平视线；侧面有人问话，应先侧过脸去正视来客再答话。

③运用目光向乘客致意。当距离较远或人声嘈杂、言辞不易传达时，服务人员应用亲切的目光致意。

④接触时间要适当。心理学家的研究表明，人们视线相互接触的时间通常占交谈时间的30%—60%。时长超过60%，表示彼此对对方的兴趣大于交谈的内容，特殊情况下，表示对尊者或长者的尊敬；时长低于30%，表示对对方或交谈的话题没什么兴趣，有时也是疲倦、乏力的表现。视线接触时，一般连续注视对方的时间最好在3秒以内。在许多文化背景中，长时间的凝视、直视、侧面斜视或上下打量对方，都是失礼的行为。

⑤接触方向要合适。接触方向可以分为视线接触三区。上三角区（眼角至额头），处于仰视角度，常用于下级对上级的场合，表示敬畏、尊敬、期待和服从等。中三角区（眼角以下面部），处于平视、正视的角度，表示理性、坦诚、平等、自信等。下三角区（前胸），属于隐私区、亲密区，不能乱瞟。

（2）微笑。笑是人类最美好的语言。因为人类的笑脸散发着自信、温暖、幸福、宽容、慷慨等情绪。轻轻一笑，可以招呼他人或者委婉拒绝他人；抿嘴而笑能给人以不加褒贬、不置可否之感；大笑则令人振奋、欣喜、激动。

作为车站客运服务人员，自觉自愿发出的微笑才是乘客需要的微笑，也是最美的微笑，这种微笑是发自内心的、轻松友善的微笑。服务人员在微笑中不仅可充分而全面地体现自信、热情，而且能表现出温馨和亲切，给乘客留下美好的心理感受。

①微笑的种类

A. 温馨的微笑，如图 2-10 所示。只牵动嘴角肌，两侧嘴角向上高于唇心，但不露出牙齿。适用于和陌生乘客打招呼时。

B. 会心的微笑，如图 2-11 所示。嘴角肌、颧骨肌与其他笑肌同时运动，牙齿变化不大，但要有眼神交流和致意的配合。适用于表示肯定、感谢时。

C. 灿烂的微笑，如图 2-12 所示。嘴角肌、颧骨肌同时运动，露出牙齿，一般以露出 6—8 颗牙齿为宜，适用于交谈进行中。

图 2-10 温馨的微笑　　图 2-11 会心的微笑　　　　图 2-12 灿烂的微笑

②微笑禁忌

A. 不要缺乏诚意，强装笑脸。

B. 不要露出笑容随即收起。

C. 不要仅为情绪左右而笑。

D. 不要把微笑只留给上级、朋友等少数人。

3. 表情礼仪的练习方法

（1）发"一""七""茄子""威士忌"等音，使嘴角露出微笑。

（2）手指放在嘴角并向脸的上方轻轻上提，使脸部充满笑意。

（3）以对着镜子自我训练为主，学生对着镜子来调整和纠正三种微笑。嘴角需要同时提起，不要露出很多牙龈。

（4）如图 2-13 所示，用门牙轻轻咬住筷子，嘴角两边都要翘起，并且使嘴角两端与筷子平行，保持这个状态 10 秒，抽出筷子，维持当时的状态。

（5）情景熏陶法，通过美妙的音乐营造良好的氛围，引导学生会心的微笑。

（6）同学之间通过打招呼、讲笑话来练习微笑，并相互纠正。

（7）在综合训练时，在教师监督下，学会正确运用表情，注意微笑与眼神协调的整体效果。不当之处由教师现场指出、修正。

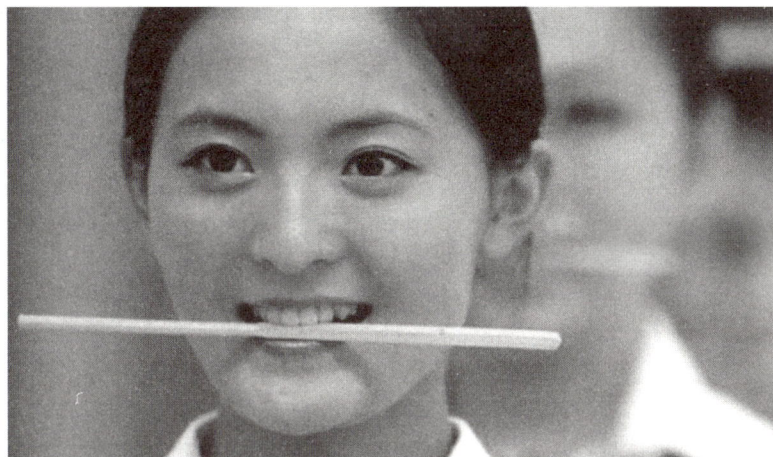

图 2-13　微笑练习

二、站姿

站姿是指人在停止行动之后，直立身体、双脚着地的姿势。它是一种静态的身体造型，是平常采用的最基本的姿态，又是其他动态的身体造型的基础和起点。优美的站姿是展现人体动态美的起点，是培养仪态美的基础。

1. 站姿的基本要求

标准的站姿从正面观看，头正，颈直，两眼平视，表情自然，全身笔直，精神饱满；两肩平齐，两臂自然下垂，两脚跟并拢，两脚尖张开45到60度，身体重心落于两腿正中。从侧面看，两眼平视，下颌微收，挺胸收腹，腰背挺直，手中指贴裤缝，整个身体庄重挺拔。采取这种站姿，不仅会使人看起来稳重、大方、俊美、挺拔，它还可以帮助呼吸，改善血液循环，并在一定的程度上缓解身体的疲劳。

2. 工作中不同的站姿

不同的工作岗位对站姿有不同的要求，但任何一种站姿都是在基础站姿基础上变化而来的，工作人员在实际工作中可选择合适的站姿来为乘客服务。服务过程中常见的站姿有以下几种，如图2-14所示。

（1）垂放站姿。双臂自然下垂，双手中指分别放于裤缝或裙缝处，手指自然放松。适用于训练标准体态时练习或重要领导审查、检阅时。

（2）握式站姿。在正立姿势基础上，两臂屈肘，握手并置于腹前，右手握左手手指部位，握力适当，两手交叉在衣扣垂直线上，不要深握或浅握。

（3）后搭手位站姿。男士右手在外，左手在内，双脚打开，双脚的距离不超过自己肩的宽度。适用于前方无人，客运服务人员在巡视时的站姿。

图 2-14　各种常见站姿

3. 站姿禁忌

站姿禁忌指工作人员在工作岗位上不应具有的站立姿势。在与乘客的交流中，工作人员要尽量注意对身体各部位的要求，避免出现以下不良的站姿。

（1）头部歪斜，左顾右盼。

（2）高低肩、含胸或过于挺胸。

（3）双手插兜或叉腰，双肩抱于胸前。

（4）腰背罗锅，弯曲，小腹前探。

（5）腿部抖动交叉过大，膝盖无法收拢。

4. 站姿练习方法

（1）背靠背站立。两人一组，要求两人后脚跟、小腿、臀、双肩、脑后枕部相互紧贴。

（2）顶书训练。如图 2-15 所示，在头顶上平放一本书，保持书的平衡，以检测是否做到头正、颈直。

（3）背靠墙练习。即身体背靠着墙，让后脑勺、肩胛骨、臀部、脚后跟都能与墙面呈点的接触，这样就能体会到正确的站立时身体各部位的感觉了。之后，可以每天练习，比如每天靠墙站立二十分钟，或者分时间段来练习，体会站立的感觉。

（4）俯卧支撑法。这种方法还对我们练习腹肌力量很有帮助。具体来说就是先让身体面朝下俯卧，然后用手肘和脚前掌支撑起身体，使身体除小臂、手肘部和脚前掌与地面接触外，身体的其他部位都离开地面并与

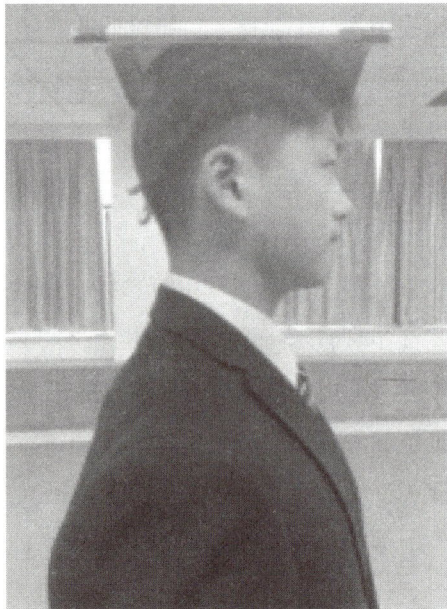

图 2-15　顶书训练

地面平行，注意肩要放松，胸不要往里含，要和地面平行，腰背也是一样，要有支撑住身体的力度，保持身体平直的紧张度。这样保持一会儿，坚持不了的时候就恢复俯卧的姿势，然后连续做三到五次。这样有助于加强我们的腰、背、腹的力量，让身体有支撑感，可以让我们在站、坐、行的时候能收腹、立腰、直背，获得支撑身体的力量和感觉，特别是平时有习惯性含胸、驼背、弯腰问题的学生，更要加强这方面的训练。

（5）双腿夹纸。站立者在两大腿之间夹上一张纸，保持纸不松不掉，以训练腿部的控制能力。

（6）单腿立。一腿支撑，另一腿屈膝上抬，绷脚贴于支撑腿，双手叉腰，上体微向侧转，训练腿的挺直及控制力。

【知识拓展】

1. 车门礼仪服务

当乘客乘坐的车辆到达时，工作人员应做到两脚稍稍分开站立，立腰，上体微有前倾，见到乘客下车，用"请"等礼貌用语。

2. 自动门礼仪服务

（1）握式站姿。工作人员站于门外一侧，与自动门保持适当距离，背与门呈45度，保持正立姿势。

（2）礼貌欢迎语。当乘客走近时，用"您好，欢迎乘坐"等礼貌欢迎语。

（3）右转45度。迎宾后，工作人员向右转体45度，重心在右腿。

（4）脚跟靠拢。左脚与右脚靠拢的同时，右臂曲肘上抬，手与腰带平高，距离腹前大约10厘米，掌心向内，手指不过衣扣垂直线，右臂肘关节向前打开。

（5）请的动作。以右臂肘关节为轴，前臂平打开，手指向自动门中下方，胸与脸向左转，并发出"请"字，微笑面对乘客。

（6）结束动作。乘客进门后，右手回收，向左转体45度，还原握式站姿。

三、坐姿

坐姿是臀部置于椅子、凳子、沙发等物体之上，单脚或双脚放在地上的姿势。它是一种静态的仪态造型，是常用的姿势之一。不同的坐姿传达不同的意义和情感，文雅的坐姿可以展现人体静态美。

1. 坐姿的基本要求

坐姿不仅包括坐的静态姿势，同时还应包括入座和离座的动态姿势，"入座"作为坐的"序幕"，"离座"作为坐的"尾声"。

（1）入座时要轻稳。走到座位前转身后，右脚向后退半步，然后轻稳坐下，再把右脚与左脚并齐。如是女士，入座时应先背对着自己的座椅站立，右脚后撤，使右脚确认椅子的位置，再整理裙边；挺胸，双膝自然并拢，双腿自然弯曲，双肩自然平正放松，两臂自然弯曲；双手自然放在双腿上或椅子、沙发扶手上，掌心向下。

（2）臀部坐在椅子1/2或者2/3处，两手分别放在膝上（女士双手可叠放在左膝或右膝），双目平视，下颌微收，面带微笑。

（3）离座时要自然稳当，右脚向后收半步，然后起立，起立后右脚与左脚并齐。

2. 女士常见的坐姿

（1）正坐式。双腿并拢，上身挺直，落座，两脚两膝并拢，两手搭放在双腿上，置于大腿部的1/2处。要求上身和大腿、大腿和小腿都成直角，小腿垂直于地面，双膝、双脚包括两脚的脚跟都要完全并拢。入座时，若是女士着裙装，应用手先将裙摆稍稍拢一下，然后坐下，如图2-16所示。

（2）开关式。要求上身挺直，大腿靠紧后，一脚在前，一脚在后，前脚全脚着地，后脚脚掌着地，双脚前后要保持在一条直线上。

（3）点式。双膝先并拢，然后双脚向左或向右斜放，力求使斜放后的腿部与地面呈45度角。这种坐姿适用于穿裙子的女士在较低处就座。

（4）重叠式。将双腿完全地一上一下交叠在一起，交叠后的两腿之间没有任何缝隙，犹如一条直线。双腿斜放于左或右一侧，斜放后的腿部与地面呈45度角，叠放在上的脚尖垂向地面，如图2-17所示。这种坐姿适合于穿短裙子的女士。

图2-16　女士正坐式坐姿　　　　图2-17　女士重叠式坐姿

3. 男士常见的坐姿

（1）重叠式。右小腿垂直于地面，左腿在上重叠，双脚小腿向里收，脚尖向下，双手放在扶手上或腿上，如图2-18所示。

（2）正坐式。上身挺直、坐正，双腿自然弯曲，小腿垂直于地面，两脚两膝分开为一脚长的宽度，双手以自然手型分放在两膝后侧或椅子的扶手上，如图2-19所示。

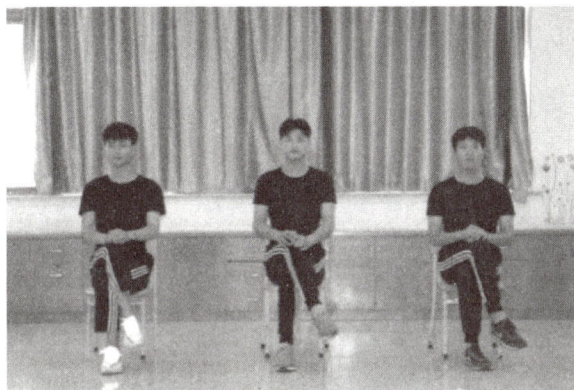

图2-18　男士重叠式坐姿　　　　图2-19　男士正坐式坐姿

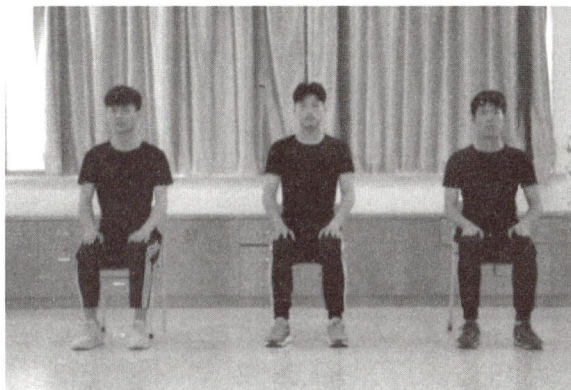

4. 坐姿禁忌

坐姿禁忌指工作人员在工作岗位或与乘客交谈时不应出现的坐姿。坐姿是人际关系交往过程中持续时间较长的一种姿态，如果出现以下坐姿禁忌，会给对方留下不好的印象。

（1）侧肩、耸肩、上身不正。

（2）含胸或过于挺胸。

（3）双臂交叉抱于胸前，双手抱于腿上或夹在腿间。

（4）趴伏桌面，背部拱起。

（5）跷二郎腿，叉开过大，腿部伸出过长。

（6）脚步抖动，蹬踏他物，脚尖指向他人。

5. 坐姿训练

（1）加强腰部、肩部的力量和支撑力训练，进行舒展肩部的动作练习，同时利用器械进行腰部力量的训练。

（2）按照动作要领体会不同坐姿，经常性地纠正和调整不良习惯。

（3）每种坐姿训练要有一定的时间积累，加强腰部支撑能力。

四、走姿

1. 走姿的基本要求，如图2-20所示。

（1）规范的走姿首先要以端正的站姿为基础。

（2）双肩应平稳，以肩关节为轴，双臂前后自然摆动。

（3）上身挺直，头正、挺胸、收腹、立腰，重心稍向前倾。

（4）注意步位。脚尖略开，起步时身体微向前倾，两脚内侧落地。不要将重心停留在后脚，并注意在前脚着地和后脚离地时要伸直膝部。

（5）步幅适当。一般前脚的脚跟与后脚的脚尖相距为脚长左右距离，步伐稳健，步履自然，要有节奏感，保持一定的速度。但因性别、身高、服饰不同，步幅的大小也有一定的差异。一般情况下，每分钟行走110步。当然，这还取决于工作的场合和岗位。走姿整体上要给人以步态轻盈敏捷、有节奏的感觉。

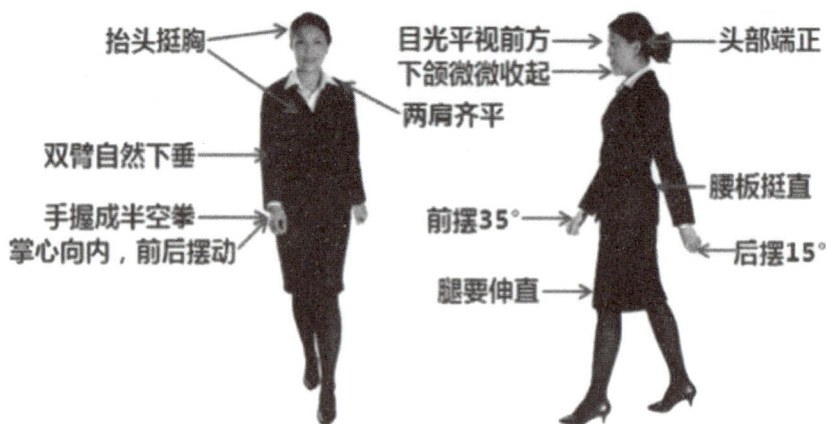

图 2-20　走姿的基本要求

2. 不同工作情况下的走姿标准

在具体的工作中，工作人员的步态有着不同的要求和规范，轨道交通行业工作人员要根据工作情况给予关注。

（1）与乘客迎面相遇时，工作人员应放慢脚步，面带微笑，目视乘客表示致意，并实时伴随礼貌的问候用语。以规范的"右侧通行"原则，让乘客先行。

（2）陪同引领乘客时，如果乘客同行，应遵循"以右为尊"的原则，工作人员应走在乘客的左侧。引领乘客时应走在乘客的左前方两三步的位置。行进步速需与乘客步幅保持一致。

（3）进出升降式电梯、无人驾驶电梯时，乘客后进先出，有人驾驶电梯时乘客先进先出。

（4）搀扶帮助他人时，注意步速与对方保持一致。在行进过程中适当停顿，询问乘客身体状况。

3. 走姿禁忌

工作人员在工作岗位上要尽量控制和克服如下的不良步态。

（1）走路"内八字"或"外八字"。

（2）蹬踏和拖蹭地面，踮脚走路。

（3）步伐过快或过慢。

4. 行姿的训练方法

（1）画直线或沿着地面砖的直线缝隙进行直线行走练习。

（2）顶书练习，要求练习者以立正姿势站好，出左脚时，脚跟着地，落于离直线 5 cm 处，迅速过渡到脚尖，脚尖稍向外，右脚动作同左脚，注意立腰、挺胸、展肩。

五、蹲姿

蹲姿是由站姿转换为两腿弯曲、身体高度下降的姿势。常用于工作人员捡拾物品。

1. 蹲姿的基本要求

站在所取物品的旁边，一脚前，一脚后，弯曲双膝，不要低头，蹲下时要使上身保持挺拔，体态自然。

2. 蹲姿的不同形式

（1）高低式蹲姿，如图 2-21 所示。特征是两膝一高一低。女士两腿膝盖相贴靠，男士膝盖朝向前方。

（2）交叉式蹲姿，如图 2-22 所示。该蹲姿仅限于女士。蹲下时双膝交叉在一起，两腿交叉重叠，后退脚跟抬起，脚掌着地，上身略向前倾。

图 2-21　高低式蹲姿　　　　　　　　图 2-22　交叉式蹲姿

3. 蹲姿禁忌

（1）行进中突然下蹲。

（2）背对他人、正对他人蹲下。

（3）女士着裙装下蹲时毫无遮饰。

（4）正常工作中蹲姿休息。

4.蹲姿的训练方法

（1）增强脚踝、膝盖等关节的柔韧性，练习提腿、压腿、活动关节等动作。

（2）蹲姿控制练习，要有意识地控制平衡，保持蹲姿，形成好习惯。

【评价标准】

仪态训练的考核评价标准，如表2-8所示。

表2-8　仪态实训考核评价标准

考核项目	考核内容		分值	自评分	小组评分	实得分
微笑	表情	三种表情的技巧	5			
		展示个人最好的微笑	5			
	眼神	不同情境的眼神表现	5			
	综合	微笑眼神与形体的协调表现	5			
站姿	身体各部位的正确姿态	头、颈	3			
		两肩、胸	3			
		腰部	3			
		手位	3			
		两脚	3			
	不同站姿的展示	垂放	5			
		握式	5			
		后搭手位	5			
	顶书训练效果		5			
坐姿	坐姿基本动作要领的展示		5			
	脚的摆放方式		5			
	入座后姿态的整体保持效果		5			
坐姿	入座前后的其他要求		5			
走姿	身体姿态		5			
	跨步的均匀度		5			
	手位摆动的情况		5			
蹲姿	上身姿态		5			
	起身动作与表情		5			

任务四　沟通礼仪训练

【实训内容】

服务人员自我表述语言实训。

1.练习方法

（1）设计情景（如在教室课堂中），运用文明用语进行分组表演。

（2）收集轨道交通不同岗位的礼貌用语，结合正确的仪态、微笑、眼神和手势来表达语言，增强语言的表现力。组织分角色表演（可以扮演售票窗口工作人员、值班站长、乘客等）。

2.实训考核

（1）分组展示轨道交通工作人员在工作中的服务礼仪。

（2）自行设计对白及场景，内容包括介绍、握手、递名片、步态、坐姿、站姿、服饰打扮、语言、岗位接待礼仪等内容。

（3）出场后先由同学介绍剧情、人物。

【实训目标与要求】

1.能够准确把握沟通的礼仪与技巧。

2.能够运用沟通的方法和技巧与乘客进行有效的沟通，获得乘客的认同和理解。

【实训工具与材料】

摄像机、投影仪等。

【实训方法】

学生每5人一组。

1.要求学生从所列的话题中抽选一个，自由发言1分钟，并进行录音。

2.录音全部完毕后，要求学生根据给定的赘词标准，寻找自己录音中的赘词。

3.可要求学生再抽选话题，只要不与上次重复即可，发言时间仍为1分钟，并进行录音。

4.最后，再由学生根据录音找出自己发言中的赘词，并与上次进行比较，对优秀者给予适当奖励。

【知识加油站】

城市轨道交通服务人员每天都需要和周围的陌生乘客交流，也要面对乘客的询问、质疑等，乘客与车站服务人员通过沟通达成了彼此间的信任关系。如何为乘客提供优质、高效、贴心的客运服务，使乘客的咨询、抱怨、质疑等得到有效解决呢？客运服务人员掌握有效的沟通技巧就是前提。

一、见面礼仪

1. 问候礼仪

问候是见面时最先向对方传递的信息，如果能够迅速、积极地表达出自己的诚意和心意，就可以在最初接触时给乘客留下一个好印象。

（1）问候要积极主动。主动问候会给乘客一种温暖的感受。

（2）问候的声音要清晰、洪亮且柔和。这样的问候会使乘客感到有精神，有利于活跃服务气氛。

（3）问候时要形神兼备。问候时注视乘客的眼睛，明确坦诚地表达对乘客的欢迎，并伴随微笑、点头和致意。

2. 称呼礼仪

称呼是人际交往中使用的称谓，适当地运用称呼，会让人觉得你彬彬有礼，很有教养。对客运服务人员而言，更要学会运用正确的称呼。称呼时态度要热情、谦恭。称呼用语要恰当、亲切。

（1）敬称。如"您"等，多用于长辈、同辈。客运服务人员一定要好好运用，表示对乘客的客气与尊敬。

（2）亲属称谓。就是对非亲属的交际双方以亲属称呼，通常在非正式交际场合使用。服务人员如果在为特殊旅客提供服务时可以使用，如"大哥、大姐、大伯、大妈、大叔、爷爷、奶奶"等，不过要注意对方的年龄，不要把别人叫老了。

（3）职业称谓。用于较正式的场合，带有尊重对方职业和劳动的意思，如"师傅、医生、老师"等，可以冠之以姓。

（4）职称称谓，对干部、技术人员等的称谓。国家工作人员等在各种交际场所都应该用职务称谓，如：书记、经理、主任、主席、教授、工程师等，在前面加上姓名，在"总经理"前面一般加姓，称"×总"。

（5）姓名称谓。在正式场合称呼比较熟悉的同辈人为"老＋姓"（老王、老张等），对干部、知识分子等老年男性称"姓＋老"（李老等），长辈称小辈"小＋姓"（小田等）。

（6）统称。男性称"先生"、女性称"女士"是当今社会上最为流行的称呼，在服务工作中也可以使用。

3. 致意礼仪

致意是要把向他人表示问候的心意，用礼节、行为举止表现出来。礼貌的致意会给人一种友好愉快的感受。致意有以下几种。

（1）点头致意。适用在一些公共场合与熟人见面而又不便交谈、在同一场合多次见面、路遇熟人等情况。点头时要面带微笑，目视对方，轻轻点一下头即可。

（2）微笑致意。适用于与相识者或只有一面之交者，彼此距离较近但不适宜交谈或无法交谈的场合。微笑致意可以不做其他动作，只是两唇轻轻致意，不必出声，即可表达友善之意。

（3）举手致意。与点头致意的场合大体相同，并且是与距离较远的熟人打招呼的一种方式。正确做法是右臂伸向前方，右手掌心朝向对方，四指并拢，拇指叉开，轻轻向左右摆动一两下即可。

（4）起立致意。在较正式的场合，有长者、尊者要到来或离去时，在场者应起立表示致意。待他们落座或离开后，自己才可以坐下。

（5）欠身致意。多用于对长辈或对自己尊敬的人致意。运用这种方式时，身体上部微微一躬，同时点头，身子不要过于弯曲。

4. 鞠躬礼仪

鞠躬是问候的一部分，充分表达对来者的敬意。一般是下级对上级、服务人员对宾客、初次见面的朋友之间、欢送宾客及举行各种仪式时使用。

行鞠躬礼时需要面对乘客，并拢双脚，视线由对方脸上落至自己的脚前 1.5 米处（15 度礼）或脚前 1 米处（30 度礼）。男性双手放在身体两侧，女性双手合起放在身体前面。鞠躬时必须伸直腰，脚跟靠拢，双脚尖处微微分开，弯腰速度适中。常用的鞠躬礼仪包括 15 度鞠躬礼、30 度鞠躬礼（如图 2-23 所示）、45 度鞠躬礼。注意，90 度鞠躬礼要慎用，一般只用于重大事故致歉或丧事致礼。

图 2-23 30 度鞠躬礼

【练一练】

两人一组，互相练习鞠躬。先以标准站姿站立，开始鞠躬时，视线由对方脸上落到脚前。熟练后，可模拟以下场景。

场景一：两人相对站立，相距 3 米以上，开始相向而行，交错时一人停下，面向另一人鞠躬 15 度。

场景二：一人向另一人告别，鞠躬 30 度，并且配以相应语言。

场景三：一人向另一人感谢，鞠躬 45 度，并且配以相应语言。

5. 握手礼仪

握手是中国人常使用的见面礼和告别礼，它包含感谢、慰问、祝贺和相互鼓励的意思。行握手礼时，通常距离受礼者约一步，两足立正，上身微向前倾，伸出右手，四指并齐，拇指张开与对方相握，微微抖动3至4次（时间以3秒钟为宜，握手礼仪如图2-24所示），然后松开手，恢复正常姿态。握手的基本要求：应注意正立站姿要领，右手前伸，自然屈肘，手约与对方腰带平高，握对方右手掌指部位，握力适度，左臂自然下垂；上体稍微前倾，眼睛注视对方，点头微笑。

握手注意事项：与男士会面，男女工作人员都可以主动握手；与女士会面，女工作人员可主动握手，男工作人员则不可主动，并且握手时采用握指式；同性间年老的先伸手，年轻的应立即回握；有身份差别时，身份高的先伸手，身份低的应立即回握。

图 2-24　握手礼仪

握手禁忌：不要戴手套、戴墨镜握手；不要一只手放口袋里或一手拿着香烟、报纸等和人握手；不要面无表情，不置一词，也不要长篇大论；不要把对方拉来推去或摇个没完；握手后不要有擦手的动作。

【练一练】

第一步，两人一组，练习基本握手要领。主要练习：握手时站立姿势、两个人之间的站立距离、握手时的眼神、握手的时间和力度等。

第二步，在掌握正确握手姿态后，练习握手的时间。学生三至四人分为一组，自己设计场景，如上级与下级、宾客与主人、地位相等者等。

二、电话礼仪

电话是现代人最常用的通信工具之一，电话交往虽然"只闻其声，不见其人"，但能给对方留下完整、深刻的印象。在日常工作中，客运服务人员必须掌握正确、礼貌的接打电话方法。

1. 准备工作

在打电话前，将要说的事情简单整理，并且准备好纸和笔，便于随时记录有用信息。打电话应选择恰当的时间、地点和场合。一般来说，早上8点之前或晚上10点之后均不适宜打工作电话，否则会妨碍对方休息。此外要考虑打电话的地点是否安静、打电话时对方是否方便等，嘈杂的环境和不分场合的电话注定不会有好的效果。

2. 接听电话

尽量在电话铃响三声之内，带着微笑迅速接起电话说出"您好"，让对方在电话中也能感受到热情。接电话后应主动报上姓名或单位，吐字清晰。如果是打出电话，应注意控制通话时间，言简意赅地把事情说清楚；如果是接听乘客电话且对方谈话内容很长时，必须给予回应，如使用"是的、好的"等来表示在认真听。

3. 结束通话

要结束电话交谈时，要感谢对方的来电或接听，用积极的态度感谢对方。一般应当由打电话的一方提出结束，然后彼此客气地道别，说一声"再见"，再挂电话，不可只管自己讲完就挂断电话。电话常用礼貌用语有：

（1）您好！这里是 ××× 公司 ××× 部（室），请问您找哪位？

（2）我就是，请问您是哪位？……请讲。

（3）请问您有什么事？（有什么能帮您？）

（4）您放心，我们会尽力办好这件事。

（5）不用谢，这是我们应该做的。

（6）××× 同志不在，我可以替您转告吗？

（7）对不起，这类业务请您向 ××× 部（室）咨询，他们的号码是……

（8）您打错号码了，我是 ××× 公司 ××× 部（室），……没关系。

（9）再见！

（10）对不起，这个问题……请留下您的联系电话，我们会尽快答复您，好吗？

三、交谈礼仪

交谈是建立良好人际关系的重要途径，也是日常接待的主体。交谈礼仪的关键，在于尊重对方和自我谦让，还要注意交谈的表情、态度、内容、表达方式等。

1. 谈话的表情

与乘客交谈时，表情要大方、自然，态度诚恳，面带微笑，语气亲切。忌边埋头工作边与乘客交谈。

2. 文明规范的服务语言

（1）敬语。敬语使用是表示对听话人尊敬礼貌的语言手段。敬语一般运用在以下一些场合：比较正规的社交场合，与师长或身份、地位较高的人交谈，与人初次打交道或会见不太熟悉的人，会议、谈判等公务场合等。常用的敬语有"请""您""劳驾""贵方""贵公司""谢谢""再见"。主要在以下几个场景使用。

第一，相见道好。人们相见时，开口问候"您好""早上好"。在这里一个词至少向对方传达了三个意思：表示尊重，显示亲切，给予友情。同时也显示了自己的三个特点：有教养、有风度、有礼貌。

第二，偏劳道谢。在对方给予帮助、支持、关照、尊重、夸奖之后，最简洁、及时而有效的回应就是由衷地说一声"谢谢"。

第三，托事道请。有求于他人时，言语中冠以"请"字，会赢得对方的理解、支持。

第四，失礼致歉。现代社会，人际接触日益频繁，无论你多么谨慎，也难免有与你的亲友、邻里、同事或其他人相处失礼于人的时候。但倘若你在这类事情发生之后能及时真诚地说一声"对不起""打扰您了"，就会使对方愤怒的情绪得到缓解。

生活中还有许多敬语可展现客运服务人员的素质和修养。如：拜托语言"请多关照""承蒙关照""拜托"等；慰问语言"辛苦了""您受累了"等；赞赏语言"太好了"；同情语言"真难为你了""您太苦了"等；挂念语言"你现在还好吗？生活愉快吗？"这些都可以归入敬语范围。

（2）委婉语与致歉语。委婉语是用来在服务工作中表达不宜直言的人或事物的言语。常常在一些正规的场合以及一些有长辈和女性在场的情况下，被用来替代那些比较随便甚至粗俗的话语。例如想要上厕所时，宜说："对不起，我去一下洗手间。"让对方等候时，要说："请稍等。"

致歉语是在服务过程中麻烦、打扰、妨碍了别人时，及时向对方表示道歉的语言。常用的致谦语有"对不起""非常抱歉""请原谅""不好意思"等。注意在工作中要规范使用、及时道歉、得体大方、言行统一。

3. 应答礼仪

应答礼是服务人员在工作中回答客人询问或回应对方召唤时所表现出的礼仪行为。常见的应答用语有"好的""没问题""我知道了""我明白了""您说得对""对，是这样"等。使用应答礼时应该注意以下几种情形。

（1）应答客人询问时，要思想集中，全神贯注地聆听；不能目视别处，或心不在焉，或说话有气无力。

（2）应答客人提问或征询有关事项时，语言应简洁、准确，语气婉转，声音大小适中；不能随心所欲地谈天说地，或声音过大，或词不达意。

（3）客人讲话含糊不清或语速过快时，可以委婉地请客人复述，不能听之任之，凭主观臆想，随意回答。

（4）回答多位乘客询问时，应从容不迫。按先后次序、轻重缓急一一作答，不能只顾一位乘客，而冷落了其他客人。

（5）对于乘客提出的无理要求，要沉得住气，或婉言拒绝，或委婉地回答："应该不会吧？""很抱歉，我确实无法满足您的这种要求，我帮您找其他人为您解答。"

四、引导礼仪

1. 引导方法

（1）走廊引导法。接待人员在客人两三步之前，走在客人的左侧。

（2）楼梯引导法。引导客人上楼时，应让客人走在前面；若是下楼，则是接待工作人员走在前面，客人在后面，上下楼梯时应注意客人的安全。

（3）电梯引导法。引导客人进入电梯时，接待工作人员先进入电梯，等客人进入后关闭电梯门，到达时按开按钮，打开电梯门，让客人先走出电梯。

2. 引导手势

引导手势的运用要规范。在引路、指示方向时，五指并拢，小臂带动大臂，小臂与地面保持水平，正确的引导手势如图2-25所示。根据指示距离的远近调整手臂的高度，身体随着手的方向自然转动，收回时手臂应略成弧线再收回。在做手势的同时，要配合眼神、表情和其他姿态，才能显得大方。注意切忌用单个食指指示方位。

图2-25　引导手势

【评价标准】

沟通礼仪实训考核评分表，如表2-9所示。

表2-9　沟通礼仪实训考核评分表

内容	服饰	站姿	坐姿	走姿	手势	表情	语言	介绍	握手	接递物品	奉茶倒水	内容编排	总体印象	总分
小组	10	5	5	5	5	5	10	10	10	10	10	5	10	100
1														
2														
3														
4														
5														
6														
7														
8														

任务五　形体训练九部曲

【实训内容】

服务人员的形体训练。

【实训目标与要求】

1. 了解城市轨道交通客服人员保持良好形体的重要性。

2. 了解并掌握城市轨道交通客服人员形体的训练方法。

【实训工具】

运动服、训练器械等。

【实训方法】

每组形体训练每次不少于 15 分钟，并配以适当的音乐，缓解训练的疲劳，训练时保持良好的心情。根据不同练习对象进行训练；分组考核；学生点评与老师点评相结合。

【训练加油站】

仪表体态在社会各领域、各阶层都有各种表现形式并具有不同的意义，随着社会的不断进步，人们对服务行业有了更高的要求，作为城市轨道交通的服务人员，不仅要有良好的业务能力，更要有端庄大方的仪表体态。设立形体礼仪课，以基本站态、行走步态、自然坐态为目标，使学生在形体基本功练习中掌握站、行、坐的正确姿势，以达到一个自然自信的良好状态。

一、整体热身训练

站态与步态是仪表最直观的体现，引导学生运用身体各个环节协作来进行全身运动。

要求：上身自然直立，手脚自然位（双脚并拢，双手自然垂直），重心保持垂直，目视前方，自然收腹提臀，双肩自然下垂。

动作要领与方法如下。

1. 保持姿势，向右前区斜线行进，左脚起交替自然行走，一拍一步，双手前后 25 度交替自然摆臂。

2. 上身姿态保持不变，左脚起，交替大弓箭步行走，五指并拢，双臂以最大幅度前后摆动，使肩部、臂部进行伸展活动。

3.双大臂平端，小臂折曲，双手背向上，平端于肩部，左右交替 90° 转动，左脚起，交替大弓箭步行走，头随身体方向。

4.双臂平端，在肩前做最大幅度的扩胸运动，平视前方，左脚大弓箭步行走。

5.双掌心平翻向上，经过胸前最远路线，平展到肩旁，平视前方，右脚大弓箭步走。

6.双手经过体旁落下，再交叉提起到大三位托手，仰视斜上方，左脚大弓箭步行走。

7.保持姿势，上身前俯 180°，手尖触地，右脚跟至左脚旁，成正步，膝部自然拉直。

8.双手叉腰，后仰 15°，平视，左脚绷脚向前直腿踢出 25°，保持姿势，右脚起，交替四次前跳踢步。

二、头部运动动作要领

1.双腿盘起自然坐立地面，上身以尾椎为基点，至脑尖成垂直线延伸，双手自然搭于双膝上，肩部下沉，平视。

2.保持姿势，颈椎前倾最大限度，低头面朝地面。

3.颈椎直起回原位，平视。

4.保持姿势，颈椎后仰，抬头眼视上方 80°。

5.颈椎直起回原位，平视。

6.保持姿势，颈椎右倾。

7.颈椎直起回原位，平视。

8.以颈椎发力带动头部左起顺时针环动一周。

9.做以上相反的动作。

在坐立体态保持自然垂直的基础上，注意头部方位运动的准确性和转头的圆润性。盘坐的姿态要端正，头部上下左右以及环动要注意头部与颈部的关联性。

三、压胯动作要领

1.自然盘腿坐立，双脚心相对，双膝向外最大限度地平展开，上身以尾椎为基点，垂直向上直立，双手自然扶住脚踝，肩部下沉，平视。

2.保持姿势，上身尽可能前倾下俯，平视地面。

3.上身起。

4.反复做以上动作。

注意：坐立时双膝尽可能外开并贴于地面；压胯时要避免缩脖驼背，后背要有延伸感，上身尽量前倾与下俯。

四、单、双勾绷脚动作要领

1.坐立地面，双腿自然延伸至绷腿，上身以尾椎为基点，至脑尖成垂直线延伸，双手小七位，指尖自然扶于地面，肩部下沉，平视。

2. 保持姿势，双脚脚趾勾起。

3. 还原。

4. 反复。

5. 左脚动作静止，右脚脚趾勾起，还原。

6. 右脚反复做以上动作。

注意：勾绷脚强调以脚踝为轴，勾脚时要尽可能向上勾到最大限度，脚跟用力向前蹬，绷脚时脚尖尽可能向下延伸绷紧。

五、压腿动作要领

1. 双腿自然并拢，绷直屈坐于地面，正步绷脚，上身以尾椎为基点，至脑尖成垂直线延伸，双手小七位，指尖自然扶于地面，肩部下沉，平视。

2. 保持姿势，双手经过二位起至三位，眼睛随右手方面。

3. 保持姿势，上身尽量向前俯，尽量做到前胸与腿部重叠。

4. 保持姿势，上身起直。

5. 反复做以上动作。

注意：压腿过程中双膝要伸直，后背要始终保持向前的延伸感，要避免驼背。

六、单、双吸抬腿开胯动作要领

1. 双腿自然并拢，绷直贴于地面，绷脚，上身平躺于地面，脚尖至脑尖成垂直线延伸，双指尖交叉，枕于头部，肩部下沉，平视上方。

2. 保持姿势，右脚起 90°，垂直于地面，右脚尖紧贴于地面。

3. 保持姿势，以胯部为轴右膝尽量外开 90°，尽量水平于地面。

4. 以胯部发力带动膝部回到原位。

5. 膝部与胯部同时发力，带动脚尖回到准备动作。

6. 左脚重复做以上动作。

7. 双脚动作一起做，重复做以上动作。

注意：在运动中，动力腿的肌肉和脚尖要有延伸感，主力腿要收紧并直贴于地面。

七、大踢腿动作要领

1. 双腿自然并拢，绷直贴于地面，绷脚，上身平躺于地面，脚尖至脑尖成垂直线延伸，双指尖交叉，枕于头部。肩部下沉，平视上方。

2. 保持姿势，右脚踢起 90° 以上。

3. 右脚落回准备动作。

4. 左腿反复做以上动作。

5. 以上动作交替进行。

注意：踢腿时主力腿的脚尖要有延伸感，腿部肌肉尽可能拉长，不要随动力腿的起落而乱晃。

八、一位擦地动作要领

准备动作：双手自然扶把杆，肘尖自然下垂，双脚站一位，腿部肌肉成上旋式收紧，沉肩，提颈，拔背，收腹，提臀。

1. 保持姿势，重心微微移向左脚，右脚一位擦地向前两次。

2. 保持姿势和重心，右脚一位擦地向旁两次。

3. 保持姿势和重心，右脚一位擦地向后两次。

4. 保持姿势和重心，右脚一位擦地向旁两次。

5. 保持姿势，重心微微移向右脚，左脚一位擦地向前两次。

6. 保持姿势和重心，左脚一位擦地向旁两次。

7. 保持姿势和重心，左脚一位擦地向后两次。

8. 保持姿势和重心，左脚一位擦地向旁两次。

9. 重心移回双脚，慢慢推起半脚掌，再收回。

注意：擦地动作双腿要尽可能外开，肌肉要收紧；主力腿重心要稳当，气息要均匀。

九、五位擦地组合动作要领

1. 右手自然扶把，左手一位，双脚站五位，腿部肌肉成上旋式收紧，沉肩，提颈，拔背，收腹，提臀，平视左前方。

2. 左手经过二位打开至七位，眼睛随手的方向打开后，平视左前方。

3. 保持姿势，左脚向前擦地一次。

4. 保持姿势，收回五位。

5. 反复。

6. 在前擦地的基础上，以左脚跟为轴，脚掌和脚尖外开勾起。

7. 绷脚点地，还原到前擦地的位置。

8. 保持姿势，收回五位。

9. 右脚向旁擦地一次，平视前方。

10. 保持姿势，收回后五位。

11. 反复前面动作，收回前五位。

12. 左脚经过全脚落地，移重心至二位半蹲，左手从七位抱回二位，垂直右下方。

13. 重心快速移动回右脚，左脚成旁擦地状，平视前方。

14. 收回后五位。

15. 保持姿势，左脚向后擦地一次，平视左前方。

16. 保持姿势，收回五位。

17. 反复。

18. 在后擦地的基础上，以左脚跟为轴，脚掌和脚尖外开勾起。

19. 绷脚点地，还原到后擦地的位置。

20. 保持姿势，收回五位。

21. 反复。

22. 左脚经过全脚落地，移重心到二位半蹲，左手从七位抱回二位，垂视右下方。

23. 重心快速移回右脚，左脚成旁擦地状，平视前方。

24. 收回前五位。

25. 收手：保持姿势，左手腕带动手臂到指尖并延伸到远方，眼睛随手的方向；保持姿势，手臂随呼吸下沉，落至一位，收手，平视左前方。

该组合训练学生在指定的节奏中完成擦地动作的全过程，培养肢体协调运作的能力。应注意擦地时主力腿的重心稳定。

【知识拓展】

有的学生因为后天长期的不良姿势和不良习惯形成了畸形体态，对此，除进行形体训练以外，还要进行其他针对性的训练。

一、矫正"O型""X型"腿的训练方法

1. 弓步侧压腿

动作要领：一腿屈膝，一腿弓步，两手扶两膝，做压腿，直腿一侧手臂用力向下压膝关节的外侧，两腿交替进行。

2. 负重夹腿蹲

动作要领：两腿分开与肩同宽，两手拿哑铃，下蹲后，快速夹腿站起。

3. 腿部夹球蹲跳

动作要领：两腿内侧夹球类，两膝内侧相夹，两脚跟提起，下蹲，两手扶在双膝上做向前连续蹲跳。

二、矫正鸡胸的训练方法

1. 胸大肌训练

动作要领：两臂伸直，两手宽握双杠，然后屈肘，身体下垂，用力向上撑起，双臂伸直。

2. 体前屈训练

动作要领：身体处于直立位，双腿伸直并拢，上体前屈，两手掌触地，上体与腿尽量贴近，保持数秒后复原。

三、矫正驼背的训练方法

1. 扩胸训练

训练要领：将手臂抬高，两手平举成一水平线，双手握拳摆在胸前，两手不能分开，并试着将胸大肌用力，使手臂往上抬高，手臂往上抬时要吐气，放松时要吸气。

2. 背肌训练

训练要领：俯卧在地，两手抱头，让他人帮助固定脚踝，然后上体向上挺起。

四、矫正高低肩的训练方法

单肩上提

动作要领：哪侧肩低练哪侧肩，手提哑铃分腿站立，然后做肩上耸动作。

【复习与思考】

一、选择题

1. 作为客运服务人员，引导乘客上下楼梯的顺序是（　　）。

　　A. 如果是上楼梯，服务人员在乘客前面　　　B. 如果是上楼梯，服务人员在乘客后面

　　C. 如果是下楼梯，服务人员在乘客前面　　　D. 如果是下楼梯，服务人员在乘客后面

2. 作为客运服务人员，引导乘客进出电梯的顺序是（　　）。

　　A. 如果是进电梯，服务人员先进电梯　　　B. 如果是进电梯，服务人员后进电梯

　　C. 如果是出电梯，服务人员先出电梯　　　D. 如果是出电梯，服务人员后出电梯

二、简答题

1. 简述 TPO 的基本原则。

2. 简述客运服务过程中常见的几种站姿以及其适用的场合。

3. 简述微笑的种类及适用场合。

4. 简述致意的种类及适用场合。

项目三
城市轨道交通车站客运服务

【引言】

凡事都要脚踏实地去做，不驰于空想，不骛于虚声，而唯以求真的态度做踏实的工夫。以此态度求学，则真理可明，以此态度做事，则功业可就。——李大钊

【学习目标】

1. 掌握一卡通（储值票）充值服务、售票服务、补票服务及处理坏票服务的流程和细节，能处理乘客常见票务问题。

2. 掌握安检服务的流程和细节，减少乘客纠纷的产生。

3. 掌握自助售票服务和监票服务的流程和细节，能引导乘客安全快速地进出站。

4. 掌握乘客候车服务和车站广播服务的流程和细节，保证乘客在站台的安全。

5. 能利用车站客运服务的一般技巧更好地为乘客服务。

【知识加油站】

城市轨道交通车站客运服务主要是为乘客提供的以乘客为中心的服务，即乘客的进出站感受、搭乘体验和根植于乘客心中的服务品牌。服务管理是以"乘客至上"为导向，是服务理念、服务质量、服务监督协同作用的综合产物。"乘客至上"是城市轨道交通运营单位的服务宗旨，提供"人性化服务"是服务宗旨的实践与落地。要做到"乘客至上"及"人性化服务"，要以乘客需求为导向，充分关注乘客体验，提升服务监督与评价，建立科学的服务管理体系，确保人员与设备服务的统一性和高效性，不断提升服务水平，提高顾客满意度。

车站客运服务人员每天面对着成千上万的乘客，一举一动、一言一行都体现着城市轨道交通的形象。除了车站环境干净整洁、列车安全正点运营外，各个岗位的客运服务人员良好的言行举止也是构成城市轨道交通一流服务质量的关键要素。

任务一 乘客服务中心服务

乘客服务中心（也叫售票亭，如图3-1所示）担负整个车站的票务工作，是车站最繁忙的场所之一，其服务水平的高低直接影响着整个车站的服务质量。

图 3-1 乘客服务中心

在城市轨道交通车站服务中，在乘客服务中心容易产生误会分歧或者引起乘客不满投诉的，常见的有退票、购票、乘客引导、票务处理、非正常情况下的乘客解释工作等。比如乘客不明白哪些情况退不了票，在票务处理过程中为什么要扣自己的钱，等等。遇到这些情况，服务中心的服务人员首先要使用文明用语耐心跟乘客解释，不要嫌麻烦，解释不到位容易让乘客产生误会，应多做引导工作等。乘客服务中心的服务质量直接关系到地铁公司的整个形象。

城市轨道交通乘客服务中心通常能办理的业务主要有特种票售票服务、票务处理服务、兑零、问讯以及便民服务等。

服务人员可根据乘客的需求提供特种票的发售业务，发票过程中应遵循以下原则。

1.收取乘客票款时，应执行50元及以上大面额钞票"唱票"服务，不应拒收旧钞、零钱、分币。

2.出售车票时，应提示乘客确认票卡信息，将票卡、发票、零钱一并递交给乘客。

3.不应出售与乘客要求不相符的车票，不应强找零币、旧币。

一、单程票发售的基本流程

在乘客购买单程票卡时，售票员应该严格执行"一迎、二收、三唱、四操作、五找零、六告别"的程序。单程票发售的基本流程如表3-1所示。

表 3-1　单程票发售的基本流程

程　序	内　容
迎	面带微笑迎接乘客： "您好，请问您去哪儿，需要几张票？" "共 ××× 元"
收	1. 面带微笑向乘客说："收您 ××× 元。" 2. 接过票款后，进行验钞 3. 说话寒暄
唱	1. 重复乘客要求的购票张数 2. 重复票款金额："到 ××× 车站单程票 ××× 张，共 ××× 元。"
操作	在 BOM（半自动售票机）上选择相应功能键，处理 车票
找零	1. 清楚说出找赎金额和车票张数， 2. 将车票和找赎的零钱一起礼貌地交给乘客 3. 提醒乘客当面点清
告别	"请您慢走"

【练一练】

模拟售票现场，进行单程票发售作业（乘客若干、售票员一名）

场景一：车站出现大客流情况，买票乘客排队较长，很多乘客开始发牢骚……

场景二：某乘客嫌售票速度慢，拼命拍打售票窗口……

案例分析

案例1：在你值班过程中，有一个乘客过来要求买20张单程票，你会直接卖给他吗？如何灵活处理呢？

（1）分析乘客购买这么多张单程票卡的原因。

（2）结合地铁的票务政策。

案例2：某日，临近运营结束时，一名乘客从换乘站进站购票。买完票后，乘客发现已经没有办法赶上换乘线路的末班车去目的车站，引发乘客的不满。

（1）分析乘客不满意的原因。

（2）售票员应该如何做才能避免此类事情再次发生。

二、一卡通发卡、充值服务的基本流程

在进行一卡通发卡和充值时，应严格遵守"一迎、二收、三确认、四操作、五找零、六告别"的程序。一卡通发卡、充值服务的基本流程，如表3-2所示。

表3-2 一卡通发卡、充值服务的基本流程

程 序	内 容
迎	1. 面带微笑，主动向乘客道"您好" 2. 问清乘客欲购一卡通金额或充值金额
收	1. 收取乘客的票款："您好，收您×××元。" 2. 接过票款后，进行验钞，并将收取的票款放在售票台面上 3. 严禁拒收旧钞、零币、分币
确认	1. 对于购买一卡通的乘客，提醒乘客根据显示屏确认票卡内金额 2. 对于充值的乘客，则需要重复乘客充值的金额和票卡当前余额，并提示乘客根据显示屏确认充值后的金额："您卡上余额是×××元，充值×××元，充值后金额为×××元，请核对信息"
操作	按照设备使用规定，操作BOM机准确发售票卡或充值
找零	1. 清楚说出找赎金额 2. 将找零、一卡通、收据和发票一起礼貌地交给乘客 3. 提醒乘客当面点清 4. 找零做到有新不给旧，有整不给零
告别	"请您慢走"，待乘客离开窗口后，将台面上的票款放进抽屉内

注意：负责售票的工作人员不得携带私款上岗，不允许代人存放物品。

一卡通服务常见问题处理。

1. 当乘客需要的某些一卡通服务车站无法办理时

（1）首先给乘客适当的安抚，向乘客表示抱歉："对不起，目前车站无法办理此项业务。"

（2）向乘客解释车站没有办理此项业务的权限。

（3）如果乘客办理退卡，告知乘客可以到指定的网点办理退卡，并告诉乘客离本车站最近的网点位置。

2. 当乘客的市政交通一卡通（图 3-2）无法刷卡进站时

图 3-2　市政交通一卡通

（1）"请您别着急，我帮您查一下"，双手接过乘客的票卡，查询乘客一卡通的基本信息，首先判断无法进站的原因。

（2）如果一卡通余额不足，则礼貌地提醒乘客充值或购买单程票卡进站："您好，您的票卡余额不足，请您充值后使用，谢谢合作。"

（3）如果乘客已有本次进站记录，可以告知乘客一张卡只能一人使用，避免出现一卡多人进站的问题。

（4）如果一卡通无上次出站记录，则补写出站信息，扣除相应的费用，并提醒乘客出站时也需要刷卡。

（5）如果一卡通消磁，则礼貌地提醒乘客购买单程票卡进站，并建议乘客可以到指定网点办理换卡手续。

三、福利票发售服务

1. 发售福利票服务的基本流程

（1）主动问候乘客："您好，请出示您的证件。"

（2）"请您稍等。"双手接过乘客的相关证件，核对乘客所持的免费证件是否有效。

（3）如实填写福利票换领记录，并要求乘客签字确认。

（4）"请您收好，慢走。"将福利票双手递给乘客。

提示：如遇到持有残疾证（视力残疾）的盲人乘客，在向其发放福利票的同时，也需要向其一名陪同人员发放一张福利票。

2. 具体案例

案例分析：某日，一名男性乘客拿着伤残军人证换福利票，售票员辨认该证件为伪造证件，于是直接大声指出该证件是伪造的，不同意为其兑换。乘客觉得没有面子，开口就骂脏话，并且和该售票员发生了争吵，影响了对其他乘客的售票服务。一分钟以后，该售票员请求值班站长协助处理，乘客边骂边离开了车站。

（1）在上述案例中，票务员有哪些地方做得不合适？

（2）乘客和售票员争吵的主要原因是什么？如何避免该乘客再次利用伪造证件？

（3）如果你是售票员，你会如何处理？

四、处理坏票及其他票务服务

1. 当乘客的单程票卡不能正常出站时

（1）首先，要先安抚乘客，表示道歉。

（2）简单查询票卡的基本信息，如果无法识别，则免费换取出站票。

2. 当乘客使用不当造成单程票卡明显损坏时

（1）首先，应适当安抚乘客："很抱歉，您的票卡已经损坏，无法正常刷卡。"

（2）要求乘客支付单程票卡的成本费，向乘客耐心解释车站的规章制度。

（3）帮助乘客换取出站票出站。

3. 当乘客要求退票时

如果线路运营正常，按照城市轨道交通运营企业的相关规定不予退票，处理方法如下。

（1）首先，要说明车站的制度，并向乘客表示抱歉："对不起，按照规定，我们不能帮您退票。"

（2）向乘客解释单程票卡一律不给退票。

（3）如要办理储值卡退票，则需要到指定的储值票发放点。

如果线路运营发生故障，具体处理方法如下。

（1）安抚乘客的急躁心理，并向乘客道歉："对不起，请稍候，我们马上帮您解决。"

（2）立即上报值班站长，经值班站长允许后按规定退票。

任务二　站厅服务

车站站厅（如图3-3）是车站的门面和窗口，其服务水平的高低是乘客对车站服务产生深刻印象和做出评价的重要依据。现阶段，随着客流量的迅速增长，乘客文化层次参差不齐，给站厅服务增加了新的难度。如何提高站厅服务质量、减少乘客投诉已成为现阶段亟待解决的问题。

图3-3　车站站厅

一、站厅服务的基本职责

1.执行相关规章制度，做到有令必行，有禁必止。

2.密切注意站厅乘客动态，发现有违反地铁规定的（如精神异常、醉酒的乘客等）应及时给予制止。

3.帮助乘客、回答乘客问询，特别注意帮助老、弱、病、残的乘客。

4.引导乘客正确操作票务设备，巡视车站自动售检票设备的运行情况，协助工作人员进行票箱、钱箱的更换或清点工作。

5.负责巡查站厅、出入口，保证设备设施的正常运行。同时做好相关巡查记录，发现安全隐患时应及时报修，发现有故意损坏地铁设备的行为应及时制止，并上报。

二、站厅服务的基本要求

1.必须佩戴工号牌，做到仪表整洁、仪容端庄。

2.工作时，精神饱满，思想集中，不要闲聊。

3.发现乘客携带超长、超大、超重物品时，应禁止其进站，并做好相应的解释工作。

4. 遇到乘客不能进出站现象，要礼貌地引导乘客到客服中心进行票卡的分析。

5. 遇到漏票现象，要态度平和地要求乘客去客服中心进行补票，切不可与乘客争吵或讽刺挖苦乘客。

6. 留意地面卫生，发现积水、垃圾、杂物等应及时通知保洁人员处理，同时设置小心地滑警示牌（如图3-4），防止乘客摔倒。

图 3-4　小心地滑警示牌

7. 负责站厅、出入口的客流组织工作，防止乘客过分拥挤，必要时采取相应的限流措施。

8. 遇到老人、儿童等需要帮助的乘客，要适当留意，协助他们尽快出站。

三、安全检查服务

城市轨道交通车站安全检查简称安检，是防止乘客携带容易污损地铁设备和站、车环境的物品、超长（1.8米以上）物品、笨重物品、妨碍车内通行和危害乘客安全等禁带物品及动物进站乘车。严禁乘客携带易燃、易爆、有毒、放射性、腐蚀性等危险品进站乘车，以防发生意外事故。安全检查作为与乘客安全息息相关的一项工作，必须严格、规范执行。图3-5就是车站安检处。

城市轨道交通的检查人员必须以规范的服务流程完成安全检查工作，安检服务流程，如表3-3所示。

图 3-5　车站安检处

1. 安检服务流程

表3-3　安检服务流程

程　序		内　容
迎		检查之前，应主动提示："您好，请接受安检，谢谢您的合作。"
操作		检查时，应主动伸手帮助乘客把包放到检测仪上或抬到桌子上
告别		检查之后应向乘客表示感谢："给您添麻烦了，请您慢走。"并帮助乘客把行李从监测仪上拿下来

2. 安检服务常见问题处理

（1）携带超长、超重物品。在发现乘客携带超长、超重物品时，安检服务人员要礼貌地提醒乘客："对不起，您不能携带超长（超重）的物品进站。"同时耐心地解释地铁相关规定，建议乘客改乘其他交通工具。如遇到态度强硬、固执的乘客，首先让乘客了解到这种情况作为车站安检人员很难处理，要让乘客知道危险性。如果乘客认为东西太重，不愿意出站的，我们可以寻求其他同事帮助乘客。当然如果乘客坚持搭乘，则可要求警方协助，切记作为安检人员不能与乘客发生任何冲突。

（2）携带违禁品。如果发现乘客包内有违禁品，把包拿到一边进行详细检查，避免当着所有乘客的面检查包内违禁品，让乘客感到难堪。同时要向乘客耐心地解释地铁相关规定，向乘客详细指出哪些物品属于违禁品。如遇到态度强硬、固执的乘客，可以寻求其他同事的帮助，甚至是寻求警方的介入。

（3）出现客流高峰。当地铁车站出现客流高峰时，安检服务人员要婉转提醒乘客加快速度，并提醒后一位乘客做好准备，避免出现拥挤忙乱的现象。如果乘客过多，可以采用手持检测仪进行检查，如图3-6所示，以加快安检的速度。

图 3-6　手持检测仪进行检查

【知识拓展】

北京地铁违禁品

第一类　枪支、军用或警用械具类（含主要零部件）。具体如下：

①公务用枪和民用枪：手枪、步枪、气枪、猎枪、麻醉注射枪等。

②其他枪支：样品枪、道具枪、发令枪、打火机枪、仿真枪等。

③军械、警械、警棍等。

④国家禁止的枪支、械具：钢珠枪、催泪枪等。

⑤上述物品的仿制品。

第二类　爆炸物品类，主要包括以下几种：

①弹药：各类炮弹和子弹等。

②爆破器材：炸药、雷管、手雷、导爆索、打火机等。

③烟火制品：礼花弹、烟花、爆竹等。

第三类 管制刀具，主要包括以下几种：

①匕首、三棱刀（包括机械加工用的三棱刮刀）。

②带有自锁装置的弹簧刀。

第四类 易燃易爆品，具体如下：

①汽油、柴油、松香油、油纸、过氧化氢等。

②白酒（2 kg 以上）、氢气球。

第五类 毒害品。主要包括氰化物、汞（水银）、剧毒农药等剧毒化学品以及硒粉、生漆等。

第六类 腐蚀性物品。主要包括盐酸、氢氧化钠、氢氧化钾等以及硫酸、硝酸、蓄电池等。

第七类 放射性物品。主要有放射性同位素等放射性物品。

第八类 国家法律、法规规定等其他禁止乘客携带的物品。具体如下：

①禁止携带超长（1.8 m 以上）、笨重物品（如自行车、洗衣机、电视机、台式电脑显示器、电冰箱、组合音响等物品）乘车。

②禁止携带动物以及妨碍公共卫生、车辆通行和危害乘客安全（如玻璃及易碎玻璃制品）等物品乘车。

四、进出站服务

城市轨道交通车站在进出闸机处安排服务人员进行进出站的监票服务，主要目的是引导乘客快速安全地进出站。进出站监票服务如图 3-7 所示，其基本流程如下。

图 3-7　进出站监票服务

1. 听与看

进出站监票服务人员首先要听闸机（自动检票机）提示音是否正确，其次看显示灯是否正确，刷卡状态显示灯，刷卡成功则亮绿色；如果是优惠票，则优惠票指示灯亮，如图 3-8 所示。如设备提示音或显示灯显示不正确，则耐心向乘客解释："对不起，请您再刷一次。"

图 3-8　闸机（1 为刷卡指示灯，2 为优惠票指示灯）

2. 提示

特别是对第一次使用车票的乘客要耐心地指导："请您在 ×× 区域刷卡，出站时回收票卡，请妥善保管，谢谢您的合作。"在必要时还可以协助乘客使用票卡。

3. 引导

监票服务人要引导刷卡成功的乘客迅速进出站，发现有乘客票卡出现异常时要引导乘客去客服中心办理。

（1）发现携带大件行李的乘客，监票服务人员要礼貌地和乘客沟通，建议其使用垂直电梯或走楼梯："您好，您的行李较多，为了您的安全，请使用垂直电梯或走楼梯，谢谢您的配合。"同时引导其从宽闸机进出站。

（2）当发现成人、身高超过 1.2 m 的小孩逃票或违规使用车票进站时，监票服务人员应立即上前制止，并要求其到售票处买票："对不起，您的孩子身高超过了 1.2 m，请您买票，谢谢您的配合！"对那些违规使用车票的乘客，可按相关程序执行，必要时找公安配合。

如果有儿童进站，则礼貌地提醒乘客按照"儿童在前，成人在后"的原则刷卡通过闸机，或建议乘客抱起孩子进出闸机。

（3）发现乘客刷卡正确，但刷卡无效时，监票服务人员要先了解情况，礼貌地向乘客询问是否已经刷过卡。如服务人员了解情况后，仍不能解决，则需要安抚乘客："您别着急，我帮您查询一下。"然后引导乘客到客服中心或补票亭进行查询，并礼貌地用手掌指示前往的方向。若情况许可，最好能陪同乘客前往，以免乘客重复提出问题。

（4）当乘客出站卡票时，监票服务人员要先安抚乘客："对不起，我们马上为您解决。"然后查看闸机的状态，发现确实卡票，则按规定办理。在找到车票后，向乘客询问该车票的信息，确认车票是否为该乘客的，并做好相应的解释和道歉工作。若车站计算机没有报警，打开闸机也没有找到车票，监票服务人员需要请 AFC（自动售检票系统）维修人员到现场确认。如情况属实，对乘客做好解释工作。

【知识拓展】

香港地铁的贴心服务

香港地铁测身高，如图 3-9 所示：在香港地铁，把测量身高用的简单而又呆板的尺子，做成卡通的模样，能吸引小朋友的注意，小朋友可以自觉过来测量身高，为车站工作人员提供了方便，真正体现了地铁的人性化服务。

图 3-9　香港地铁测身高

五、自助售票服务

自动售票机实现了乘客自助购票、自助查询车站票价的功能，同时可减少人工售票带来的排队等候时间。为方便乘客购票及使用，车站自动售票机上张贴了购票指引，各站通道墙面也张贴了使用须知等。许多时候还有站厅服务人员在一旁引导、协助乘客使用自助售票设备，同时还可为乘客兑换零钱等，站厅自助售票区如图 3-10 所示。

1. 乘客初次使用自动售票机

作为城市轨道交通运营管理服务人员，当发现乘客是第一次使用自动售票设备时，需要耐心指导乘客如何使用自动售票设备。自动售票设备如图 3-11 所示。尽量让乘客自己操作，注意避免直接接触乘客财物，以免发生不必要的纠纷。

车站站厅服务人员要耐心指导乘客如何刷卡进站，并提醒乘客要妥善保管票卡，出站时票卡需要回收等。

图 3-10　站厅自助售票区

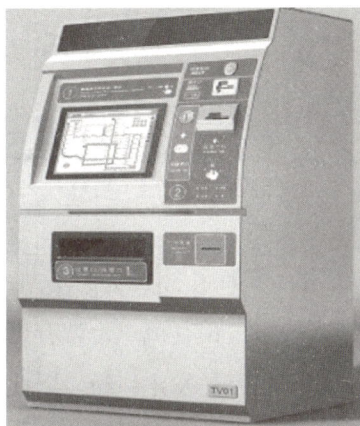

图 3-11　自动售票设备

2. 自动售票设备出现卡币故障

当乘客使用自动售票设备出现卡币时，站厅服务人员首先应检查设备状态，一般会出现以下三种情况。

（1）自动售票机显示卡币时，则需向乘客道歉并按票务管理规定办理。

（2）自动售票机显示正常，按有关规定开启设备维修门，确认有卡币现象，应立即向乘客道歉："对不起，设备出现故障，请您谅解，我会马上为您处理。"当设备出现故障时，服务人员应主动悬挂故障标志，并及时上报维修。

（3）自动售票机显示正常，在打开维修门后，确认没有出现卡币现象，则向乘客解释："对不起，经我们核查，目前机器没有出现故障，按照规定我们不能为您办理，请您谅解和合作。"

3. 自动售票机出现卡票故障

当乘客使用自动售票设备出现卡票时，站厅服务人员应检查设备状态，一般也会有以下三种情况出现。

（1）自动售票机显示卡票，则按票务管理规定办理。

（2）自动售票机显示正常，打开维修门进行查看，如出现卡票现象，则立即向乘客道歉："对不起，我们立即为您重新发售车票。"

（3）自动售票机显示正常，在打开维修门后，发现没有卡票现象，则由工作人员向乘客做好解释工作，必要时可以交给值班站长处理。

4. 人工售票亭乘客过多

随着移动支付的不断发展，人工售票的方式已经很少了。发现售票亭处排队乘客过多时，站厅服务人员应面带微笑，主动进行宣传疏导："现在购票乘客较多，您可以使用自动售票机购票、充值或者使用手机扫码的方式进站。"在征得乘客同意后，引领乘客："您好，大家请跟我来。"引导乘客进行自助售票服务或者以直接使用手机扫码的方式进站，并对乘客的配合表示感谢："谢谢大家的配合。"

任务三　站台服务

　　地铁站台（如图3-12）是车站的重要组成部分，是乘客候车的地方。在早晚高峰时，站台上来往乘客较多，稍有疏忽，就有可能发生安全事故，尤其是在乘客上下车时容易混乱，工作人员和乘客之间也容易发生纠纷。因此，站台服务人员需要将安全理念和服务技巧相结合。站台服务主要包括乘客候车服务、乘客安全服务、特殊乘客服务、乘客广播服务、乘客秩序维护等。

图3-12　地铁站台

一、站台服务的基本职责

　　1.执行相关规章制度，做到有令必行，有禁必止。

　　2.注意站台乘客的候车动态。在没有设置屏蔽门的站台应提示乘客站在黄色安全线以外候车，及时提醒特殊乘客注意安全（如对不便乘坐扶梯的乘客应提醒其走楼梯），提醒乘客不要倚靠屏蔽门等。

　　3.车门或屏蔽门关门时，应确认其工作状况。发现未关闭好时，应及时向车站综合控制室报告，并负责处理屏蔽门故障。

　　4.帮助乘客，回答乘客问询。

　　5.特别注意帮助老、弱、病、残的乘客上下车。

　　6.负责站台设备的安全。

二、站台服务的基本要求

1. 必须佩戴工号牌，做到仪表整洁、仪容端庄。

2. 工作时，精神饱满，思想集中，不准闲聊。

3. 保持站台环境清洁，注意站台设备的工作状况，如发生故障，应及时维修，以免给乘客带来不便。

4. 注意乘客安全，对个别站在安全线以内的乘客，应给予适当提醒。协助乘客安全进出车厢，维持站台秩序，方便开关车门，站台监控如图3-13所示。

5. 留意站台上乘客的需要，如看到乘客有任何困难（身体不适、行动不便等），应主动上前了解情况，并尽量提供帮助，必要时可以请求其他同事协助。

图 3-13　站台监控

6. 遇到特殊事件时，能正确及时地进行站台广播。

想一想：站台设备主要包括哪些？当这些设备发生故障时，站务员应该如何处理？

三、乘客候车服务

乘客候车时最易产生焦躁情绪，使得乘客候车时的感知时间往往长于实际时长。对候车乘客出现的各种情况进行及时有效地处置，是做好乘客候车服务工作的关键，也是评价服务水平的最关键因素，而且直接影响着城市轨道交通乘客的满意程度。

1. 乘客在黄色安全线以内候车

当站台服务人员发现乘客站在黄色安全线以内候车时，应及时提醒乘客："为了您的安全，请在黄色安全线以外候车。"如果乘客没有退后，站台服务人员应立即上前制止该乘客的行为，确保乘客退至黄色安全线以外，以防安全事故的发生。

2. 乘客蹲姿候车

当站台服务人员发现有乘客采用蹲姿候车时，应注意观察并及时上前了解情况，看乘客是否有身体不适。如没有，应善意地提醒乘客："为了您的安全，请勿以蹲姿候车。"

3. 乘客身体不适

站台服务人员发现乘客有身体不适情况时，应主动上前询问情况，并指引他们到候车椅上休息。如果情况严重，则通知车站综合控制室处理，同时根据情况适时地为乘客提供一些帮助。

4.乘客吸烟

国家规定在公共区域内不允许吸烟，当发现乘客在站台上吸烟时，站台服务人员应立即上前制止，并有礼貌地解释："对不起，为了您和他人的安全，车站内不允许吸烟，请您灭掉烟头，谢谢您的合作。"

5.乘客企图冲上正在关门的列车

站台服务人员发现有乘客企图冲上正在关门的列车时，应及时阻止乘客（避免和乘客有直接碰触）并有礼貌地提醒："请勿靠近车门，下一班列车将于××分钟进站，请等候下一班列车。"

6.乘客在站台上逗留

若发现有长时间在站台逗留的乘客，站台服务人员应主动上前询问情况，以免发生逗留的乘客跳轨等紧急情况。

7.物品掉落轨道

当站台服务人员发现乘客有物品掉下轨道时，应立即提醒并安抚乘客："为了您的安全，请勿私自跳下轨道，请您放心，工作人员会尽快为您处理。"同时告知乘客，工作人员将于运营结束后下轨道拾回物品，请乘客留下联系方式，第二日到车站领回物品。

8.坐轮椅的乘客上下车

当遇到坐轮椅的乘客上下车时，站务员应主动上前了解情况，同时使用渡板帮助坐轮椅的乘客上下车。渡板上下车如图3-14所示。

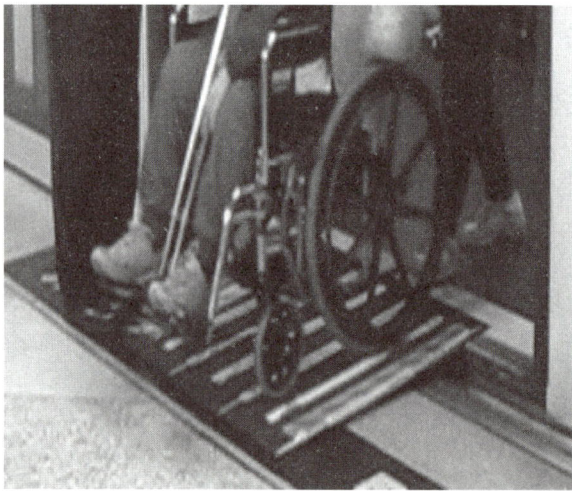

图3-14　渡板上下车

四、问询引导服务

有的乘客在候车时，往往是骑马找马，到了站台站在指示牌前，也会焦急地问站台服务人员："请问到××坐哪个方向的车？""请问到××从哪个出口出站？"作为站台服务人员，一定不能表现出不耐烦，而应该耐心地详细解答。问询引导如图3-15所示。

站台服务人员要用手掌指示方向。标准的引导手势是：手掌伸平，五指自然收拢，掌心向上，小臂稍向前伸，指向乘客要去的方向，不要伸出一个手指头，指指点点。

站台服务人员在解答时使用敬语。"您可以往××方向走。"乘客表示感谢时，服务人员应礼貌回答"不用谢"或"这是我们应该做的"。

如果乘客提出的问题，站台服务人员无法给出确切的答案，需要向乘客解释，提示乘客需要到附近再核查一下。不要直接回答"不知道"，也不要提供一些误导性或错误信息给乘客。

图 3-15　问询引导

【练一练】

在站台服务人员的日常工作中，很多情况下都要为乘客指路，为乘客指示方向时应注意以下几点。

1. 手臂要从腰边顺上来，五指并拢，打手势时切忌五指张开或表现出软绵绵的无力感。

2. 手臂伸直，高度应超过自己的胸部。

3. 视线随之过去，很明确地告诉乘客正确的方位。

4. 待乘客离去后，再将手臂收回。

五人一组，每组同学在组长的带领下训练引导手势，教师在一旁观察指正。

五、乘客广播服务

遇到特殊事件时，站台服务人员要正确及时地进行站台广播。广播内容的增删、更新及设置更改均由相关业务管理部门统一规定，由车站指定专人操作。未经相关业务负责部门许可，值班员不得擅自更改广播系统中的任何内容及设置。一般广播的音量为固定值，不应随意调整；如遇特殊情况需调整音量大小时，需由管理部门统一调整。

播放广播时，应语调平稳、圆润，音量适中，读音准确，声音清亮，使用文明用语，语音规范，语法正确，措辞得体，一般使用普通话、英语双语广播；对设备区广播时，广播内容应简洁、明了，不得通过广播设备播放与工作无关的内容。广播系统及相关设备、广播词的日常管理由车站当班行车值班员负责，值班员交接时要确认广播相关设备和物品齐全、正常。

1. 语音广播

站台服务人员应尽量使用语音广播，注意如下事项。

（1）广播是否清晰准确。

（2）音量是否过大或过小。

（3）广播是否适时地重复。

（4）广播是否在适当的地点播出。

2. 人工广播要素

人工广播一般在应急或特殊情况下采用。应注意以下事项。

（1）先提醒乘客注意："乘客请注意，……。"

（2）用简洁的语言告知乘客发生的具体事件。

（3）对给乘客带来的不便表示歉意。

（4）对乘客的配合表示感谢。

（5）语速适中，口齿清楚，语调清晰。

3. 广播用语

城市轨道交通的广播用语采用统一的专业术语，必须准确、规范，语句通顺易懂，避免发生混淆。使用标准的普通话及流利的英语，如有地域特色，还可增设具有地方特色语言的广播服务，而且声音柔和、甜美，语速适中。

（1）广播寻人。播音时应用普通话，应做到发音标准，语言流畅，语速适中（视播音内容而定），心情愉快、声音甜美、愉悦开朗。严禁出现任何与播音内容无关的语言。

站台服务人员应首先确认被寻人（乘客）姓名以及乘客寻人目的，然后再播出。

广播寻人内容规范为：请×××（被寻乘客姓名）先生（女士或小朋友）听到广播后请速到×××（寻人乘客要求指定的地点、位置），您的家人（朋友）在等您！

（2）站台客流组织时的广播服务。当站台中部候车乘客过少，两端较多时的广播语：各位乘客您好，由于列车两端拥挤，请往中间靠拢，谢谢配合。

当列车即将进站，乘客开始骚动向屏蔽门拥挤时的广播语：各位乘客您好，列车即将进站，请不要靠近车门/屏蔽门，谢谢配合。

当列车门打开，乘客上下车时的广播用语：各位乘客您好，请先下后上，有序候车，谢谢配合。各位乘客您好，为了您的安全，请上下车时，小心站台和列车间的空隙，谢谢配合。

车门即将关闭时的广播用语：各位乘客您好，车门正在关上时，请不要冲进车厢或妨碍车门关闭，谢谢配合。各位乘客您好，车门即将关闭，请耐心等候下一班列车，不便之处敬请谅解，谢谢配合。

列车稍有延误时的广播语：各位乘客您好，本班列车将稍有延误，请耐心等候，不便之处敬请谅解，谢谢配合。

想一想：当你从闭路电视系统看到有小孩在站台上追逐打闹，你应该如何广播？

任务四 车站应急服务

乘客在乘车过程中，难免会遇到突发状况。当事情发生时，乘客和其身边的人员通常会感到不安和慌乱，在这种情况下，我们需要根据现场情况进行灵活处理，并且要充分考虑到乘客的心理，避免出现尴尬。

为了能够更好地应对这些突发的事故或事件，运营管理部门需要预先制定出相应的应急预案。在发生突发事件时，各岗位工作人员，按照预案中的程序进行处理，尽最大可能减少事故或事件的损失并减小影响，尽快恢复正常运营。制定应急预案通常要结合车站的岗位，对发生事故或事件期间每个岗位的分工都进行安排，因此，要求各岗位工作人员熟悉应急预案内容，特别是本岗位的工作职责，快速反应，把损失降到最小。

一、乘客突发疾病应急服务

乘客因醉酒、低血糖或高血压等晕倒在地铁车站或列车内的情况时有发生，当站台服务人员发现车站有突发状况时，应立即主动上前查看乘客的情况，适当安抚和询问："您好，您哪里不舒服吗？""需要帮您叫救护车吗？"在征得乘客或其家属的同意后，及时与急救中心联系，必要时可以请求其他工作人员到车站出口等候急救人员，并疏导周围乘客，保障各个通道的畅通无阻，为乘客的治疗争取时间。当医护人员到达现场后，站台服务人员要协助医护人员将乘客送上救护车。

当乘客突发疾病时，如果乘客意识清醒，拨打120前最好征得乘客同意。对于突发疾病的乘客，切忌随意移动，在处理过程中以协助为主，站台服务人员不能自作主张对乘客采取任何药物治疗。

如有乘客因血糖过低晕倒，站台服务人员应尽快喂患者葡萄糖水，掐其人中，呼喊乘客姓名；同时呼叫车站值班员，并报告值班站长；随后，视患者情况拨打120，如120急救车过来，保安要协助把乘客送上救护车。

二、物品掉落轨道应急服务

站台内，经常会发生乘客携带的物品坠落轨道的情况，站台服务人员要视情况快速处理。

当物品不影响行车，站台服务人员应立即报告车站控制室物品不影响行车，安抚并提醒乘客："为了您的安全，请勿私自跳下轨道，请您放心，我们会尽快为您处理。"如条件允许应及时为乘客取回。如果条件不允许，则告知乘客将于运营结束后下轨道拾回物品："对不起，目前条件不允许，我们将在运营结束后帮您拾取。"并请乘客留下联系方式，第二日到车站领回物品。

若物品影响行车，站台服务人员须马上按压紧停按钮或显示紧停信号暂停列车服务。或由于特殊原因乘客强烈要求立即拾回时，站务员要报车站控制室值班员，由值班员向行车调度员报告，经行车调度员批准后方可下轨道拾回物品。

1. 乘客走失应急服务

当有乘客走失时，站台服务人员首先要适当地安抚乘客，同时了解情况（走失人员的性别、年龄、特征、走失时间、乘车路线等）并进行登记；然后利用广播在车站内进行协助寻找，如未找到，可上报至运营控制中心在全线进行广播寻找，必要时，在征得乘客同意后，协助乘客通知公安部门寻找。

2. 乘客物品遗失应急服务

乘客在候车过程中，经常会发生物品遗失的事件。作为站台服务人员在得知乘客物品遗失时，应立即帮助乘客查找物品。遗失物品查找服务操作程序，如表3-4所示。

表3-4 遗失物品查找服务操作程序

程 序		内 容
当乘客反映物品丢失时	接到乘客反映	1. 安抚乘客："请您别着急，我们马上帮您广播。" 2. 了解遗失物品的基本特征和物品遗失的地点和时间等
	采取措施	1. 通过广播在本车站进行询问和查找 2. 通过电话向有关车站进行询问和查找 3. 找到物品时，协助乘客办理认领，应礼貌核对乘客的身份，确认乘客所述物品与找到的物品一致 4. 若没有找到遗失物品，应向乘客表示抱歉，并将乘客的姓名、身份证号码、联系方式进行记录，以便联系乘客，必要时可以告知乘客向车站属地派出所报案
当乘客捡拾到其他乘客的物品并上交时	接到遗失物品	1. 向乘客表示感谢 2. 当着乘客的面，对物品进行详细的清点和记录，并请乘客签字确认
	采取措施	1. 通过广播寻找失主 2. 未找到失主时，将物品上交保管 3. 如果有乘客过来认领时，应礼貌地核对乘客的身份，并请乘客签字确认

3. 乘客受伤应急服务

当站台服务人员发现乘客在车站内受到伤害（如被车门夹伤、在扶梯处摔倒）等情况。应立即安抚乘客情绪，了解受伤状况，对伤口进行简单的消毒处理；当乘客提出去医疗机构检查的要求时，应按照地铁相应规定进行处置，必要时应该让工作人员同乘客一起去医疗机构就诊；在处理乘客伤害过程中，切忌推诿或拒绝其就医要求。对未受到伤害的乘客，要耐心地向乘客解释，讲明公司的规定，必要时，向上级报告，求得解决办法。

任务五　车站特殊乘客服务

为进一步提升乘客满意度，塑造轨道交通良好的服务形象，为乘客提供更温馨便捷的出行服务，特别是为60岁以上老人、残障人士、儿童等特殊乘客提供更人性化、更便捷、更高效的服务，是打造车站服务亮点和品牌的关键之一。

1. 对老年人的服务

（1）在售票过程中，应放慢语速、音量适当放大但不刺耳，以免惊吓到老年乘客，服务全过程需要耐心提示，悉心帮助。

（2）在进出站时，应礼貌地建议年老的乘客搭乘直梯或走楼梯，如果乘客坚持搭乘自动扶梯，则由工作人员陪同老人一起。

2. 对儿童的服务

（1）年幼的乘客只有在大人陪同下才可以进入车站，提醒乘客遵循儿童在前、大人在后的刷卡进站原则。

（2）要特别关注儿童，时时提醒看护人照看好儿童，避免发生因儿童快跑与其他乘客发生碰撞而引发摔伤事件。

3. 对残疾人的服务

（1）由出入口进入站厅：如果有直梯，帮助残疾乘客乘坐直梯；如果没有直梯，则安排并帮助乘客乘坐残疾人专用电梯（如图3-16）。

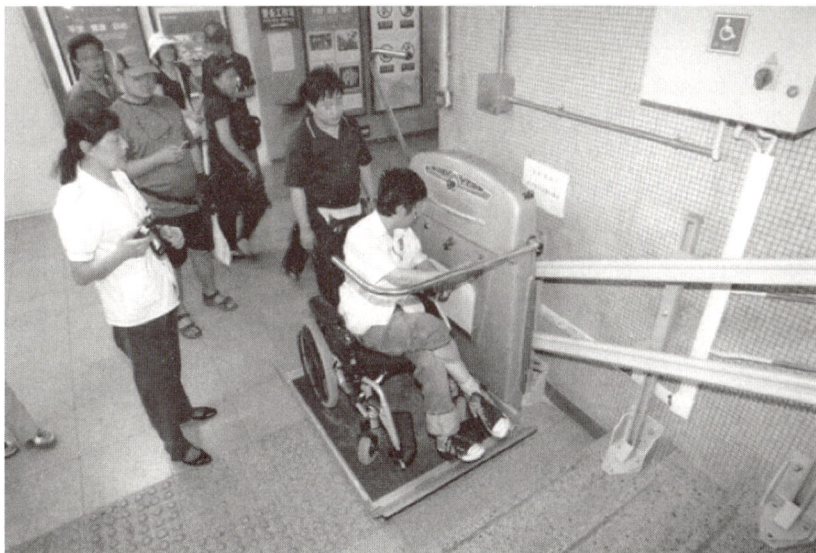

图3-16　残疾人专用电梯

（2）引导与陪同：在推行轮椅的过程中应注意行进速度和稳定性；在轮椅陪护过程中应减少对其他乘客的妨碍，轮椅行进过程中提示周围乘客避让。

（3）协助安检：引导乘客至安检位置，对乘客的行李和轮椅进行检查，尽可能由同性别的工作人员完成，尽量减少琐碎不便的环节，并给予乘客足够的尊重。

（4）协助乘客进出付费区：引导乘客至售票处，带乘客完成购票，引导乘客从宽通道或专用通道进出付费区，并帮助其刷卡。

（5）协助上、下车：引导乘客至站台划定的无障碍候车区域，疏导其他乘客到相邻车门排队候车，使用渡板让乘客安全上下车；上车时，要将乘客护送至车厢内无障碍专用位置，确认轮椅已经刹车或用列车上专用挂钩固定，并提醒乘客坐稳扶牢，告知乘客在目的地车站会有站务人员迎送，然后通知目的地车站的工作人员该乘客所乘车次、车号、发车时间、所在车门位置、行车路线等信息，工作人员应做好准备工作。

（6）在为残疾乘客提供服务时，需要先征得乘客的同意，在与其进行交流的过程中，不要总盯着乘客的残疾部位。

（7）熟练运用手语与聋哑人沟通，及时为他们提供服务。

任务六 车站维修人员服务

一、车站维修人员服务的基本要求

1.以乘客的安全为大前提，维修时，应尽可能将工作范围缩小，避免影响乘客及其他设施的正常运行，必要时应设置围栏。

2.在维修过程中应在故障设备旁边放置提示牌，提示设备故障。

3.搬运维修设备时，应避让乘客，避免在地面拖着设备。

4.维修完成后，应及时清理杂物，保持车站清洁。

5.注意个人仪表及谈话声音，不得聚集在一起闲谈。

二、车站维修人员常见问题处理

1.当有乘客想通过故障区域时，应耐心向乘客解释："对不起，请绕行，我们正在维修设备。"

2.当乘客使用故障设备时，应给予提醒："对不起，我们正在维修，请使用其他设备。"

3.维修过程中遇到有乘客问询时，应耐心回答，必要时可以请求其他同事帮忙或指示乘客前往适当的查询地点。

4.维修过程中遇到突发事件时，例如乘客乘自动扶梯摔倒，应主动上前了解情况，尽量提供协助，及时通知值班站长安排其他员工进行处理。

【复习与思考】

一、简答题

1.列举乘客无法刷卡进站的原因。

2.列举乘客无法刷卡出站的原因。

3.在乘客服务中心服务中，哪些环节容易和乘客发生冲突？应该如何避免？

4.在站厅服务中，哪些环节容易和乘客发生冲突？应该如何避免？

5.在站台服务中，哪些环节容易和乘客发生冲突？应该如何避免？

二、案例分析

据网易新闻：上海地铁 2 号线相继出现"超人""鹿人"等"行为艺术"后，2008 年 10 月 17 日，2 号线上惊现"木乃伊"。网友称地铁 2 号线开到上海科技馆站时，突然上来一个全身裹着白色纱布的形似"木乃伊"的人。该"木乃伊"一上车，很多人都拿出手机拍照。"木乃伊"时不时与乘客打招呼，甚至试图握手，把一位女乘客吓得用书遮面，大叫"快走开，太恐怖了！"其间，"木乃伊"还在一个空位上坐了一会儿。

1. 对于上述案例，该"木乃伊"的出现会给车站的日常工作带来哪些困难？会出现哪些安全隐患？

2. 作为车站工作人员，为了不影响其他乘客，可以拒绝该"木乃伊"进站吗？

3. 如果你是当班站务员，会如何处理？

项目四
沟通技巧与乘客投诉处理

【引言】

永远以一个服务提供者的姿态出现，你永远不会失礼于对方，这不是灵丹妙药，而是一种正确的姿态。

一个人必须知道该说什么，一个人必须知道什么时候说，一个人必须知道对谁说，一个人必须知道怎么说。

【学习目标】

1. 领会沟通的技巧与方法。
2. 能够分析乘客投诉的原因。
3. 掌握乘客投诉处理的基本原则。
4. 掌握乘客投诉处理的基本步骤。
5. 明确如何才能减少投诉的发生。
6. 培养学生团队协作、互帮互助的团队精神。
7. 培养学生的语言表达能力和组织管理能力，提升学生的核心素养。

【知识加油站】

城市轨道交通是具有公益属性的重要基础设施，是便民惠民的重大民生工程。它一头连着民生福祉，一头连着城市发展，是引领和优化城市空间布局、改善城市居民生活品质，连接城市生产和消费，提升人民群众幸福感的重要载体，是重塑城市空间形态，增强城市承载能力，实现城市可持续发展的重要支撑。做好城市轨道交通工作，加快构建以城市轨道交通为骨干的公共交通系统，特别是打造城市轨道交通的快速通勤网络，是缓解城市交通拥堵、满足人民群众出行需求、提高民生保障能力的现实需要。

　　任何一个组织，包括企业、政府机关、非营利机构，只要提供产品或服务，就有可能遇到投诉。城市轨道交通运营企业作为一个服务性企业，再加上其公共交通的特性，自然也不可避免地会受到投诉。如何与乘客沟通，正确认识、妥善接待和处理投诉是良好的企业形象和一流企业管理水平的体现。因此，作为直接面向乘客的服务人员尤其需要掌握沟通的一些基本技巧，掌握投诉处理的相关知识，处理好乘客投诉，以提高企业运营的服务质量，切实维护轨道交通的声誉。

任务一　沟通技巧

【实训内容】

学会倾听、学会交流。

【实训目标与要求】

1. 通过小组活动提高学生的语言组织能力、交流能力和应变能力。
2. 提高学生小组协作的能力。
3. 提高学生普通话水平，提升学生职业形象。

【实训材料与工具】

卡片、录音设备、笔等。

【实训方法与步骤】

一是角色分配。将学生分成若干个小组，每个小组由两个人组成，可将其分为角色 A 和 B。

二是进行材料准备。每个学生准备三张小卡片、一张大纸和录音设备。

三是准备话题。每个学生想出三件最喜欢做的事情，分别写在三张小卡片上（一定要具体，如不可以是"希望去玩"，而应该是"喜欢打篮球"），并在大纸上列出喜欢的所有原因，不要被别人看到。

四是角色之间进行对话训练。当角色 A 选择任一小卡片，说明喜欢的内容，角色 B 立即说："你当然喜欢"，并提供一个"不寻常但合理的解释"（如"打篮球可以交到好朋友"）。无论角色 B 说得多么奇特，角色 A 必须同意并用相应的话确认（如"是的，篮球是世界上最好的运动"）。角色 B 顺着角色 A 的解释继续。如此，继续谈话。A 可以选择另一话题。对对话全过程进行录音。

五是角色互换训练，每次进行 3 分钟，然后 A、B 进行角色互换，重新开始。

六是总结倾听和交流的技巧。两名同学一方面回顾对话情景，倾听录音，查找自己在对话过程中普通话、语言组织与表达情况、对话时的语气语调、个人形象等方面存在的问题以及表现优异的地方。

【相关知识】

每天，我们都在和周围的人交往，相互之间通过沟通达成了彼此间的信赖，使得人与人的友情、亲情、爱情得到了巩固和升华，沟通在我们的生活和工作中非常重要。而在城市轨道交通车站服务中，我们每天都要面对乘客的询问、求助、埋怨，甚至投诉等，这就需要我们与乘客不断沟通。要保证沟通的有效性，首先要对沟通具有清晰的认识，这样才会发现自身在沟通方面存在的缺陷，避免和减少无效的沟通，增进人与人之间的情感交流，推进乘客问题的解决。

所谓沟通技巧，是指人利用文字、语言与肢体语言等手段与他人进行交流使用的技巧。沟通技巧涉及许多方面，如简化运用语言、积极倾听、重视反馈、控制情绪等。虽然拥有沟通技巧并不意味着一定能成为一个有效的管理者，但缺乏沟通技能会使管理者遇到许多麻烦和障碍。沟通包括语言沟通和非语言沟通，最有效的沟通是语言沟通和非语言沟通的结合。在处理乘客的问题时，一般先通过语言和乘客交流，了解情况及乘客需求，另外，还可以通过一些肢体动作等非语言的沟通方式表达问题处理的诚意。

一、语言沟通

语言本身就是力量，语言技巧是我们最强有力的工具。语言可能使你逃离灾祸，也可能使你陷入困境。它可以帮助你去获得他人的理解，并使你与他人的沟通变成了可能。你对语言的驾驭能力使他人对你产生印象——你所处的状态和接受教育的程度。

语言是人与人沟通的桥梁，谁都会说话，但会说话不等于可以与人沟通，如何与乘客进行有效沟通，自有其技巧。

在与乘客进行沟通前注意一下对方的行为态度，这通常会给我们一些提示，知道这是不是个进行交谈的好机会。提示信息包括对方的眼神、面部表情、语态等，这时你需要主动跟乘客打招呼，说声"你好"，并加上微笑以示友好，这样很容易取得别人的好感并留下好印象，从而方便展开话题，例如："你需要帮忙吗？"

展开话题的方法很多，一般要根据乘客具体的表现而定。例如对于乘客的投诉，马上拿出"一支笔、一个本"准备记录，投诉者会有一种被重视的感觉，这样有可能会将一件复杂的事情简易化处理，而且与乘客比较容易沟通。不同的人可能会有不同的方式，唯有通过不断尝试才能加强甄别提示的能力。

在沟通时，应注意聆听和回应。我们要细心聆听，掌握对方的说话内容、事件、意见等。人与人之间的说话有时不是很直接，有些信息是隐藏的，我们的耳朵和脑筋都要一起活动，找出隐藏的含意。在沟通过程中，留意对方说话时的内容及语气，可能会帮助你了解对方感受或觉察到言外之意，之后便可回应。

在谈话过程中，时常要简单总结陈述对方观点，并表达自己和对方有相同的感受，还可以运用肢体语言表达对对方心情的理解。

二、非语言沟通

人与人相处，除了以"语言"表达沟通信息外，肢体语言也起了重要的作用。有时候，双方即便不说话，但两人的肢体互动状态却可以使对方明白一切。

美国加利福尼亚大学洛杉矶分院（UCLA）的研究者发现，在人们面对面的交谈中，信息的55%来自身体语言，38%来自语调，而仅有7%来自真正的语言本身。在影响他人时，自身也不断地从外界接收信息，接收信息的渠道和相应的比例为：眼神83%、听觉11%、味觉1%、嗅觉3.5%、触觉1.5%，视觉是接收信息最多的渠道。

可见表达能力绝不只是你的"口才"，非语言表达方式和语言同样重要，有时作用甚至更加明显。正如德鲁克所说："人无法只靠一句话来沟通，总是得靠整个人来沟通。"通过非语言沟通，人们可以更直观、更形象地判断你的为人、做事的能力，看出你的自信和热情，从而获得对你十分重要的第一印象。人们常说："耳朵听不见为失聪，眼睛看不见为失明。聪明就是耳聪目明，聪明的人能看出对方所看不出的方面，能听出对方的言外之意。"人们控制要说的话比较容易，而控制身体语言却不容易，身体语言会将人的思想暴露无遗。

在与乘客沟通时，一定要注意保持安全距离。所谓"安全距离法"就是在双方还没有开口说话前，尊重对方有"自主空间"的要求。

美国文化人类学家爱德华·赫尔（E. T. Hall）的研究表明：个人方圆0.5 m以内为亲密领域，只有很亲近的人才能靠近，例如配偶、子女、好友或兄弟姐妹等；个人方圆0.5—1.25 m以内为个体领域，靠近的人可以是同事、同学、学生、一般朋友等；方圆1.25—3.5 m以内为社会领域，此区域内可以是客户、邻居、泛泛之交等；方圆3.5 m以外，属公众领域，你和他偶尔相见，彼此还是陌生人。

只有在"自主空间"内得到足够安全感的人，他才容易敞开心扉，愿意与我们沟通。

三、提升沟通技巧

在与人交流时，要求我们巧妙地听和说，而不是无所顾忌地谈话。与那些充满畏惧的人、怒火中烧的人或是遭受挫折的人交流就更难了，因为在这些情绪的控制下，我们会更加束手无策。

1. 即使对方看上去是在对你发脾气，也不要还击。别人之所以有这样的情绪或是反应很可能和你一样是由于畏惧或是受到了挫败。这时，你做一个深呼吸，然后默默地从1数到10，让对方尽情发泄情绪，直至他愿意说出他真正在想的是什么。

2. 你不必知道所有的答案，说"我不知道"也是很好的。如果你想知道什么就说出来，然后说出你的想法，或者你愿意与对方一起找出问题的答案。

3. 对事实或感受做正面反应，不要有抵触情绪。例如，说"多告诉我一些你所关心的事"或是"我了解你的感受"，总比说"喂，我正在工作"或"这不是我分内的事"（这很容易激怒对方）要好。掌握好每一次交流机会，很多时候小小的心不在焉可能会导致你与别人的疏远。

4. 学会倾听。倾听意味着排除杂念、提出好的问题，如果有人话里带刺，是因为他的心里隐藏着恐惧。很多时候，他们想要你做的只是真实、友好的交谈。

5. 比起你的想法，人们更想听到你是否赞同他们的意见。好多人在抱怨人们不听他们说话，但是他们忘了自己本身也没有听别人讲话！你可以给出你的全部意见，以表示你在倾听，并像这样说：

（1）"告诉我更多你所关心的事。"

（2）"你所关心的某某事是怎么回事啊？"

（3）"我对你刚才说的很感兴趣，你能告诉我是什么使得你如此相信它的吗？"

（4）"你为什么对某某事感到如此满意呢？"

6. 请记住，对于别人说的话，我们在理解时可能会产生偏差。个人的分析、假设、判断和信仰可能会歪曲我们听到的事实。因此，为了确保你能真正了解对方的意思，重说一遍你听到的、你的想法，并问："我的理解恰当吗？"如果你对某人说的话有情绪反应，就直接说出来，并询问更多的信息："我可能没有完全理解你的话，我以自己的方式来理解的，我想你所说的就是某某意思吧？"

7. 坦白承认你所带来的麻烦和失误。做事要承诺一个期限，如果你需要别人按照你的方法去做，就用你的活力影响他们。这时，可用婉转的表达方式，像"有可能是……"或"我也遇到过这种相似的状况，如果按照……就可以帮助解决"。以上这些总比说"你应该怎么样"好得多。

任务二　乘客投诉分析

【实训内容】

案例分析：2010年9月，北京地铁某车站，一位乘客来到售票窗口，如图4-1所示，要求为储值票充值。因为是客流高峰期（北京地铁规定客流高峰期不能提供充值服务），售票员没有解释原因，直接就态度生硬地说："不能充值。"该乘客要求解释原因时，售票员不耐烦地用手指了指旁边的告示，接着就给下一位乘客售票。该乘客认为售票员态度恶劣，并和售票员发生了争执。售票员

图4-1　售票窗口

认为制度规定客流高峰期不能充值，觉得自己没有做错。乘客不满，事后投诉。

【任务要求】

1. 如果你是售票员，你会为该位乘客的储值票充值吗？

2. 在整个事件中，引起乘客投诉的原因有哪些？其中什么是乘客投诉的最主要原因？

3. 乘客来充值时，售票员应该如何处理来避免乘客投诉？

4. 如果你是售票员，和乘客发生争执时，你会如何处理？

【任务实施】

1. 以小组为单位，一般小组成员为6—8人，采用角色扮演的方法进行该乘客投诉事件的处理。角色分配如下：车站售票员、车站值班员、投诉乘客、事件见证乘客。

2. 各小组分配角色，每个角色围绕自己的身份设计台词及应变措施，目的是发现问题，提高专业水平，完善自我，增强团队意识，提高团队协作能力与写作水平，提高语言表达能力，提高信息处理能力等。

3. 其他学生在每个小组进行角色扮演时作为评委进行评定，每个小组扮演结束后肯定其优点，重点指出角色扮演的过程中存在的问题以及改进方法。目的是提高旁观学生的观察能力、思考问题的能力，培养学生的团队合作精神。

【任务评价】

职业核心能力评价主要包含职业信念、专业能力与职业行为习惯的评价，要培养良好的职业素养，职业能力评价是促进职业信念的提升、职业行为习惯养成的一个重要手段。通过提升专业能力，从而提升学生的职业核心能力。职业核心能力自评和互评表，如表4-1所示。

表4-1　职业核心能力自评和互评表

项　目	评价内容	自评系数				互评系数			
		优秀 1.0	良好 0.8	一般 0.5	较差 0.3	优秀 1.0	良好 0.8	一般 0.5	较差 0.3
安全责任意识（5分）	1. 树立"安全第一、预防为主"的意识 2. 遵守设备的操作规程								
专业能力（30分）	1. 坚守岗位，不擅离职守 2. 熟悉本岗位基本操作流程 3. 熟悉客伤事件处理的相关法律法规								
团队合作（10分）	1. 指导他人工作的能力 2. 接受他人帮助的态度								
语言表达（20分）	1. 普通话标准 2. 专业用语规范 3. 语言表达流畅								
学习能力（10分）	1. 查阅相关专业知识能力 2. 写作能力 3. 计算能力								
仪容、仪表及仪态（5分）	1. 按规定着装 2. 仪态符合城市轨道交通服务人员的基本要求，衣装整洁 3. 仪容仪表符合角色要求								
解决问题能力（5分）	1. 按时按要求保质保量完成工作 2. 独立工作的能力								
组织管理能力（5分）	1. 专业技术管理能力 2. 团队管理能力								
创新发展能力（5分）	1. 实施和反馈能力 2. 持续改进能力 3. 展示自我的能力								
7S情况（5分）	1. 工作场所物品摆放整洁有序 2. 结束后卫生保洁工作								
小组评价合理化建议		等级				组长签名			
备注									

【相关知识】

随着社会的不断发展进步，乘客越来越关注自己的权益问题。以前是多一事不如少一事，但现在越来越多的乘客为了自己的权益会选择投诉。乘客在乘坐轨道交通时，会对出行的本身和企业的服务抱有良好的愿望和期望值，如果这些要求和愿望得不到满足，心理就会失去平衡，由此就会产生"讨个说法"的行为，这就是投诉。广义地说，乘客任何不满意的表示都可以看作投诉。

一、乘客投诉的分类

1. 按照投诉的表达方式分类

乘客感到不满意后的反应不外乎两种：一是说出来，二是不说。有调查表明：在所有不满意的乘客中，有69%的乘客从不提出投诉，有26%的乘客向身边的服务人员口头抱怨过，而只有5%的乘客会向投诉管理部门（如客服中心）正式投诉。其中，正式投诉根据乘客表达方式的不同可以分为以下三种。

（1）当面口头投诉（包括向公司的任何一个职员）。

（2）书面投诉（包括意见箱、邮局信件、网上电子邮件等）。

（3）电话投诉（包括热线电话、投诉电话等）。

2. 按投诉的内容分类

按投诉的内容主要可以分为：车站服务、列车运行、乘车环境、票款差错、设备故障等。

3. 按投诉的性质分类

按投诉的性质可以分为有责投诉和无责投诉。有责投诉是指因工作人员工作失误、违规操作、设备设施保障不力等而引起的投诉。无责投诉包括两种情况：一是由自然灾害等不可抗力因素导致服务失误而引起的投诉；二是乘客自身原因引起的投诉。对于前者，运输企业应该加大应急事件的处理能力，对于后者，运输企业应该加强对乘客的宣传。

二、乘客投诉产生的过程

一般来说，在投诉之前乘客就已经产生了潜在性的抱怨，即对列车运行或者服务存在一定的不满。潜在性的抱怨随着时间推移就变成显性的抱怨，而显性的抱怨作为投诉的一种形式，很有可能会转化为正式投诉。投诉产生的过程，如图4-2所示。

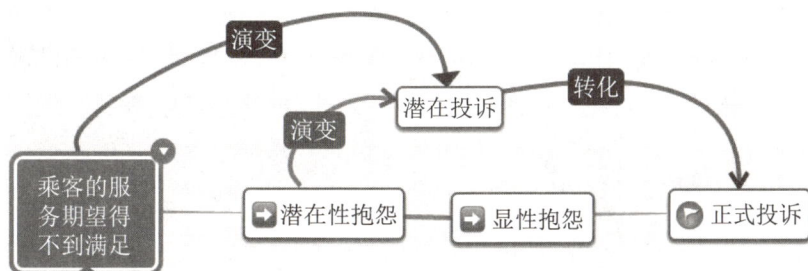

图 4-2　投诉产生的过程

三、乘客投诉的原因

乘客感到不满的原因有很多，有些是乘客自身的原因，也有的是轨道企业的服务人员或者是服务设施造成的。许多时候乘客不满是可以理解的，但也有许多时候乘客是在无理取闹。无论乘客是否有道理，我们都要牢记"顾客至上"的原则，即乘客投诉都是有原因的。要想消除或减少乘客对企业的不满，就必须找到引起他们不满的原因。引起乘客投诉的原因如图 4-3 所示。

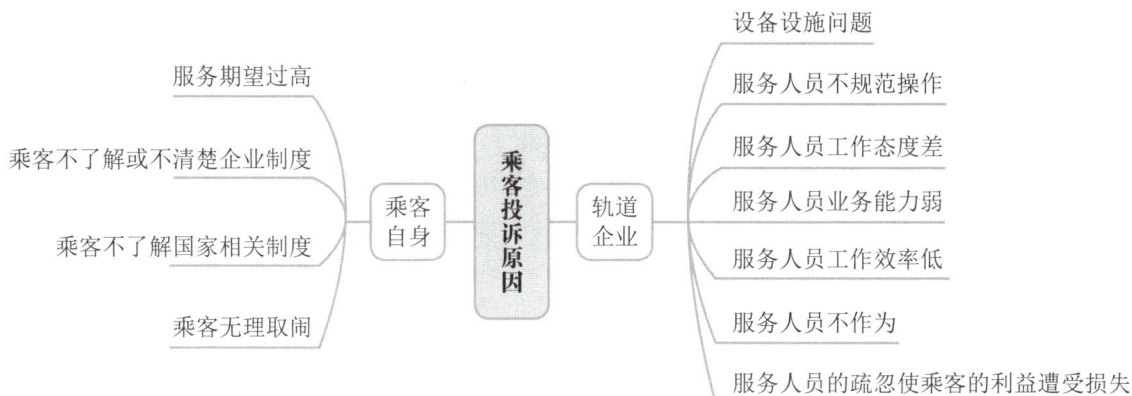

图 4-3 乘客投诉的原因

四、认识投诉

只要是服务行业，就无法避免消费者的抱怨和投诉，即使是最优秀的服务企业，也不可能保证永远不发生失误或不被投诉。作为城市轨道交通的客运服务部门，在服务过程中被乘客投诉是很正常的，不能一味地恐惧投诉，厌恶投诉。服务人员需要对投诉有一个清醒的认识，这样才能更好地处理投诉，更有效地改进服务工作并提高服务质量。

作为直接面向乘客的服务人员，应当以积极的态度来看待投诉。

1. 重视投诉

乘客的投诉大多是刺耳尖锐的、直接的、不留余地的。许多服务人员把投诉当成一个"烫手山芋"，避之唯恐不及。可是对于一家公司来说，没有投诉的声音却未必是个好消息。因为通过投诉往往可以暴露服务的薄弱环节。

2. 欢迎投诉

乘客的投诉能让企业有机会回顾和检查在乘客服务中不够完善的方面。在处理投诉的过程中，服务人员可以向乘客解释企业的规定和标准，从而使乘客和企业能够更好地相互理解和沟通。因此，作为服务人员，既不需要对投诉感到尴尬，也不需要带有畏惧和抵触的心理。

任务三　乘客投诉处理技巧

【实训内容】

案例分析：某地铁站运营时，有两位乘客 A 和 B 持同一张公交一卡通进站，当乘客 A 刷卡进站后，把一卡通给了同行乘客 B，乘客 B 无法刷卡进站。因客流量较大，该站票务员没有问清原因，直接对一卡通进行了进站更新，乘客 B 也顺利进站，但出站时被客运服务人员发现，要求其补票。乘客 A、B 不满意，认为已经刷过两次公交一卡通并扣完钱了，坚持不肯补票，客运服务人员则主观臆断他们违规使用车票，故意逃票，由此发生争执。后乘客电话投诉车站工作人员服务态度差，工作不到位。

【实训要求】

1. 如果你是车站工作人员，请分析该事件发生的原因是什么？
2. 作为车站客运服务人员，如果遇到这种情况，怎样处理才是最合适的？

【任务实施】

1. 产生投诉的原因

（1）票务员帮助乘客更新车票时没有了解和确认原因，造成一票多人进站，给后来的纠纷埋下了种子。

（2）乘客不清楚票务政策，认为已经扣过两次钱，导致乘客和客运服务人员发生争执。

（3）客运服务人员办事主观臆断，认为是乘客故意逃票，导致乘客和客运服务人员的纠纷升级。

2. 处理方法

（1）发现情况后，客运服务人员不能主观臆断，应该先礼貌地了解原因。

（2）因票务员的工作失误向乘客表示抱歉，并向乘客做好票务政策的解释工作，注意在和乘客沟通的过程中应耐心地使用礼貌用语。

（3）如果乘客同意补票，客运服务人员应向乘客表示感谢，如"谢谢您的理解和配合"。

3. 改善与建议

员工在处理乘客车票时，应加强工作的责任心。当乘客持一卡通无法进站时，应先向乘客确认是不是一票多人进站，然后根据情况处理。

4.核心能力训练

（1）以小组为单位，一般小组成员为6—8人，采用角色扮演方法进行该投诉事件的处理。角色分配如下：车站负责人（站长）、票务员、客运服务人员、乘客A、乘客B。

（2）各小组分配角色，每个角色围绕自己的身份设计台词及应变措施，目的是发现问题，提高专业水平，完善自我，增强团队意识，提高团队协作能力与写作水平，提高语言表达能力与信息处理能力，从而达到有效处理事件的目的。

（3）其他学生在每个小组进行角色扮演时作为评委进行评定，每个小组扮演结束后肯定其优点，重点指出在角色扮演的过程中存在的问题以及改进的方法。目的是提高旁观学生的观察能力、思考问题的能力和团队合作精神。

【相关知识】

在处理投诉的过程中，我们会遇到各式各样的乘客。除了要好好遵循乘客投诉处理的基本原则外，还需要掌握一定的处理技巧。只有这样，我们才能更好地为乘客服务，提升城市轨道交通企业的服务质量。

一、用心倾听

抱怨的乘客需要有忠实的听众，工作人员喋喋不休的解释只会让乘客感觉在推卸责任，从而使乘客的心情更差。面对乘客的投诉，工作人员需要掌握倾听的技巧，从倾听中掌握事情发生的细节，找出乘客投诉的真正原因以及其所期望的结果。倾听是一种情感活动，是要真正理解对方所说的意思。做到用心倾听，我们需要注意以下几点。

一是要有耐心。在乘客投诉的过程中，切忌轻易打断乘客，要仔细思考乘客提供的信息。应该花80%的时间去听，给乘客80%的时间去讲。倾听过程中要保持冷静的心态，不受其他事务的影响。

二是学会回应。倾听的过程中要运用眼神、表情等非语言传播手段来表示自己在认真倾听。尽可能以柔和的目光注视着对方，并通过点头等方式及时对对方的谈话做出反应。

三是要用心。站在乘客的角度考虑问题，将心比心地感受乘客的心情。这是能真正听到乘客心声的好办法，是乘客服务中不可或缺的沟通技巧。

四是不要挑对方的毛病。倾听时不要当场提出自己的批判性意见，更不要与对方争论，尽量避免使用否定别人的回答或评论式的回答。如"不太可能""我认为不该这样"等。应该站在对方的立场去倾听，努力理解对方所说的每一句话。用心倾听的原则如表4-2所示。

表4-2 用心倾听的原则

要	不 要
1. 乘客到车站投诉时，应先请乘客坐下并及时给乘客倒水，表示对乘客的尊重 2. 乘客叙述时要用心倾听，让乘客发泄情绪。在倾听过程中，可以插入"我理解、我明白"这样的话语来表示对乘客的重视与理解 3. 不要轻易打断乘客的话。如果有不明白的地方，要等乘客说完后，以婉转的方式请乘客提供情况，如："对不起，是不是可以再向您请教……？" 4. 适当安抚乘客情绪。如"请您别着急""您先消消气"等	1. 态度冷漠，对乘客的话没有回应 2. 观点不同时，粗暴地打断乘客的话 3. 表示出不满或不耐烦

倾听的目的是让乘客把想说的话都说出来，让乘客一吐为快，然后才有协商的余地。其实有些乘客只要能全部倾吐就能解决问题，因员工态度不佳引发乘客的不满，是得不偿失的。

二、乘客投诉的心理期望

乘客只有在对服务不满的情况下，才会进行投诉。而对乘客来说，既然选择了投诉，就一定会有一个心理预期并希望得到满意的答复。作为服务人员，只有弄清楚乘客投诉的心理期望，才能够有针对地处理投诉。一般来说，乘客投诉的心理期望主要有以下几种。

1. 希望问题能被认真对待

有时乘客进行投诉或建议，并不是要求企业一定能够彻底改变这种现象，只是发表对此状态的看法与观点，给企业以警示。对于有这种期望的乘客，我们一定要积极对待，耐心听完乘客的批评与建议，抱着"有则改之，无则加勉"的态度，适当对乘客表示感谢。

2. 希望得到当事人的道歉和尊重

乘客投诉有很大一部分是对工作人员服务态度的不满，这种情况下，乘客当然希望自身能得到重视，并希望当事人能给予道歉。在这种情况下，我们要耐心倾听，即使是乘客有错，我们也不要想着去理论，避免产生新的不满或进一步加深矛盾。因为乘客既然选择了投诉，就不会觉得是自己的责任。

3. 希望相关人员得到惩罚或惩戒

有时乘客对某位工作人员的服务不满，就会投诉，并希望该工作人员得到惩罚，所以我们需要向乘客保证企业一定会采取行动，避免将来发生类似的事情。

4. 希望得到赔偿或补偿

乘客想要为自己的损失取得赔偿，也想为耗费的时间、造成的不便，或遭受的痛苦得到补偿。对于是由我们造成的乘客损失，当然要协商赔偿办法；对于不是我们造成的乘客损失，也不能一味迁就，要耐心地向乘客解释清楚。

三、真诚道歉协商解决

当乘客抱怨或投诉时，无论是不是工作人员的原因，都要诚心地向乘客道歉，并对乘客提出的问题表示感谢，尤其是在工作确实有过失的情况下，更应该马上道歉，如"对不起，给您添麻烦了"。这样，可以让乘客感到自己受到了重视。具体做法如表4-3所示。

表4-3　真诚道歉原则

要	不　要
1. 适当表示歉意。让乘客了解你非常关心他的情况，如"我们非常抱歉听到此事" 2. 道歉要诚恳。如"对不起，耽误您的时间了"	1. 认为自己的行为没有错误，拒绝道歉 2. 道歉缺乏诚意，语音语调或肢体语言表现出不乐意或不耐烦

在听完乘客投诉之后，工作人员首先要弄清楚乘客投诉和抱怨的原因，了解乘客的想法，切忌在没有了解乘客想法之前就自作主张地直接提出解决方案。在协商解决时，不要推卸责任，指责或敷衍乘客。在明白乘客的想法后，首先，要十分有礼貌地告知乘客将要采取的措施，并尽可能让乘客同意。如果乘客不知道或者是不同意这一处理决定，就不要盲目地采取行动。具体做法如表4-4所示。

在协商解决时，不要说"不"。如果你用"我不能""我不会""我不应该"这样的话语，会让乘客感到你不能帮助他。你可以反过来这样说："我们能为您做的是……""我很愿意为您做……""我能帮您做……"，这样，乘客的注意力就会集中在可能的解决办法上，你就能营造一个积极正面的解决问题的氛围。

表4-4　协商解决原则

要	不　要
1. 平复乘客的不满情绪。如"我很能理解您的想法" 2. 主动提出建议和解决方法。如果是因为票卡（款）等问题，可以根据乘客的意见和表现出来的意思，结合实际情况，提出措施。如果是因为对服务人员的态度不满，则要考虑采取让服务人员本人道歉或由值班站长替代道歉等办法，平息乘客的不满情绪 3. 耐心解释地铁的相关规定 4. 提出解决方案时，应语调平和，态度诚恳，不要再次引起乘客的不满。如"这样处理，您看行吗？""我们这样办，您看合适吗？"	1. 推卸责任、极力辩解 2. 指责乘客 3. 敷衍乘客

四、快速采取措施

乘客同意处理意见后，工作人员要说到做到，而且是马上做到，速度很关键。快速采取措施就是对乘客最大的尊重。一方面，耽误时间有可能引起乘客的进一步不满；另一方面，耽误时间还有可能引起乘客不同意先前已经协商好的解决措施。如果遇到被投诉的员工不在现场的情况，可以采取电话道歉、书面道歉等处理方式。

对于那些不能立即实现的措施，工作人员应坦诚地告诉乘客，公司正在办理，并把处理过程中的相关情况及时反馈给乘客，让乘客了解他的问题正在得到解决。

投诉一旦发生必须马上处理，拖延处理乘客的投诉，是导致乘客产生新的抱怨的根源。即使是与车站员工无关的投诉也应代表车站主动承担解决矛盾的责任。

对待乘客的投诉一定要表示感谢，感谢乘客选择我们的服务并发现服务中的不足。因为这些批评和意见会协助企业提高管理水平和服务质量。具体做法如表 4-5 所示。

表 4-5　感谢乘客

要	不　要
1. 对乘客表示感谢。如："谢谢您的配合""非常感谢您的建议" 2. 必要时送乘客出站，让乘客感到自己受到重视	1. 怠慢乘客，自己先行离开 2. 让乘客自行离开

任务四　乘客投诉管理

近年来随着经济发展的深度和广度不断加大，城市轨道交通对城市发展具有非常大的促进作用，城市轨道交通日益成为交通出行的主要方式。乘客投诉事件随着客运量的加大而逐年攀升。如何加强乘客投诉管理以，找到应对策略，已经成为各大地铁公司运营管理中的一项主要业务。在"互联网＋"经济时代，创新已日益成为企业发展的核心因素。职业学校要提高学生应变能力，提高学生进入地铁运营管理岗位时高素质处理各种突发事件的能力，就必须对以往乘客投诉事件进行案列分析，找到问题产生的根源以及最佳处理方法。我们既要充分借鉴以往成功的处理经验，也要根据投诉事件的实际情况，尤其要借助新技术、新信息和新思维，对乘客投诉进行合理合法地处置，这样才能更好地提升学生的综合职业能力。

一、业务能力不强而引发的投诉

【案例描述】

某日，乘客在某站刷卡后不能正常出站，到售票亭进行票务处理，票务员直接为乘客补了进站记录，并提醒乘客："请您下次进站时，别忘了刷卡。"乘客感到疑惑，在查询机上查询后，发现扣了两次款，乘客投诉。

【任务要求】

1. 如果你是车站负责人，请分析该票务员在处理过程中的工作流程存在哪些问题？
2. 如果你是车站票务人员，会怎样处理？

【任务实施】

1. 投诉原因分析

票务员工作流程错误，没有进行核对弄清事实，只凭臆测进行处理。经查询，当时乘客实际上已刷上出站记录，可能是因为乘客刷卡时走错了闸机通道，或刷卡后未马上通过闸机，而站务员没有查询就直接主观认为乘客没有刷卡进站，导致乘客的票卡被两次扣款。

2. 投诉处理的技巧

该投诉中，票务人员的服务态度没有明显错误。在处理过程中，我们需要重点就票务人员的工作失误向乘客道歉，并赔偿乘客的经济损失，即退还多收的款项。

3. 改善及建议

发现票卡无法正常进出站时，票务人员不能主观臆断，应先礼貌地了解原因并进行核对。在处理车票问题时，工作人员应加强责任心。

4. 核心能力训练

（1）以小组为单位，一般小组成员为6—8人，采用角色扮演方法进行该投诉事件的处理。角色分别为票务员与乘客。

（2）各小组分配角色，每个角色围绕自己的身份设计台词及应变措施，目的是发现问题，提高专业水平，完善自我，增强团队意识，提高团队协作能力与写作水平，提高语言表达能力与信息处理能力，从而达到有效处理事件的目的。

（3）其他学生在每个小组进行角色扮演时作为评委进行评定，每个小组扮演结束后肯定其优点，重点指出角色扮演的过程中存在的问题以及需改进的方法。目的是提高旁观学生的观察能力、思考问题的能力，培养学生的团队合作精神。

二、乘客不了解地铁规定而引发的投诉

【案例描述】

一日，在某车站，工作人员两次看见一名拾荒人员在地铁内拾荒，于是上前制止："以后不允许到车站拾荒。"拾荒人员对该工作人员不满，于是在车站寻衅滋事，声称车站的工作人员砸了他的饭碗，无法再生活下去，反正是死，还不如被列车撞死，然后就坐在站台边缘……

【任务要求】

1. 如果你是车站负责人，请分析该工作人员在处理过程中的工作流程存在哪些问题？
2. 如果你是车站工作人员，会怎样处理？

【任务实施】

1. 投诉原因分析

拾荒人员不了解有关地铁的规章制度，工作人员态度强硬地进行制止，并没有给拾荒人员任何解释的机会，造成拾荒人员的不满。

2. 投诉处理技巧

该案例中，工作人员的工作方式确实存在失误。在处理时，我们需要向拾荒人员道歉，检讨工作人员不合适的处理方式，同时要向拾荒人员耐心解释地铁公司的规章制度，避免再次发生纠纷。

3. 改善和建议

在发现乘客有违规情况后，一定要耐心地向乘客解释地铁公司的规定，而不是一味强硬制止。

4. 核心能力训练

（1）以小组为单位，一般小组成员为 6—8 人，采用角色扮演的方法进行该投诉事件的处理。角色分别为地铁工作人员与拾荒人员。

（2）各小组分配角色，每个角色围绕自己的身份设计台词及应变措施，目的是发现问题，提高专业水平，完善自我，增强团队意识，提高团队协作能力与写作水平，提高语言表达能力与信息处理能力，从而达到有效处理事件的目的。

（3）其他学生在每个小组进行角色扮演时作为评委进行评定，每个小组扮演结束后肯定其优点，重点指出角色扮演的过程中存在的问题以及需改进的方法。目的是提高旁观学生的观察能力、思考问题的能力，培养学生的团队合作精神。

三、服务态度不好引发的投诉

【案例描述】

某日，客流高峰期，乘客非常多，车门即将关闭的提示音已经响起，一位乘客企图冲上车，被一位客运服务人员拦住了。因为客运服务人员觉得很危险，拽了这位乘客一下，可能是弄痛了乘客。这位乘客非常气愤，直接就骂了句粗话，说："你以为你是谁啊，你凭什么拉我，弄伤了你负责啊……"客运服务人员态度也不是很好："你没看见车门关上了呀……"两个人争吵了起来，乘客投诉。

【任务要求】

1. 如果你是车站负责人，请分析该客运服务人员在处理过程中的工作流程及工作方式上存在哪些问题？

2. 如果你是客运服务人员，会怎样处理？

【任务实施】

1. 投诉原因分析

（1）客运服务人员为了乘客的安全阻止乘客上车，这个出发点是对的。但客运服务人员和乘客发生了肢体的碰撞，这是乘客生气的原因。

（2）在乘客怒气冲冲地抱怨时，客运服务人员没有意识到自己做法的不当之处，不仅没有向乘客道歉，还和乘客争执了起来，使冲突升级。

2. 投诉处理技巧

（1）对于由工作人员的态度引发的乘客投诉，在处理过程中，一定要先照顾到乘客的情感需求和情绪，先向乘客表示歉意："不好意思……请原谅。"

（2）在平息了乘客的情绪后，耐心向乘客解释原因，再次对工作人员的不当做法向乘客表示歉意，并对乘客的配合表示感谢。

3. 改善及建议

（1）在阻止乘客上车时，应尽量避免和乘客发生肢体碰撞，减少纠纷的发生。

（2）在遇见有乘客说粗话骂人时，不应该给予直接反击，只能提醒乘客，否则只能使冲突升级。

4. 核心能力训练

（1）以小组为单位，一般小组成员为6—8人，采用角色扮演方法进行该投诉事件的处理。角色分别为地铁客服人员与乘客。

（2）各小组分配角色，每个角色围绕自己的身份设计台词及应变措施，目的是发现问题，提高专业水平，完善自我，增强团队意识，提高团队协作能力与写作水平，提高语言表达能力与信息处理能力，从而达到有效处理事件的目的。

（3）其他学生在每个小组进行角色扮演时作为评委进行评定，每个小组扮演结束后肯定其优点，重点指出角色扮演的过程中存在的问题以及需改进的方法。目的是提高旁观学生的观察能力、思考问题的能力，培养学生的团队合作精神。

四、工作人员的不作为引发的投诉

【案例描述】

一天，某乘客下车后，向站台上正在从事维修工作的人员反映车厢内有乞讨人员乞讨，而工作人员却冷漠地说："我们又没有办法，这不归我们管。"乘客不满，随即投诉。

【任务要求】

1. 如果你是车站负责人，请分析该维修工作人员处理事件的流程存在哪些问题。

2. 如果你是车站工作人员，会怎样处理？

【任务实施】

1. 投诉原因分析

乘客所反映的问题确实超出车站维修人员的工作范围，但在乘客眼中，维修人员也是城市轨道交通的员工。乘客都这么关心的问题，作为员工却说没有办法，这样的回答势必会在乘客心中产生推卸责任的印象。

2. 投诉处理技巧

这是由工作人员的不作为引发的投诉。在处理过程中，我们要先向乘客道歉，主动承认我们的工作失误，向乘客表示感谢，并承诺车站一定会积极处理。在该乘客同意的情况下，可以请他留下姓名和联系电话，并告知主管部门会将处理情况反馈给他。

3. 改善及建议

乘客主动提出意见和建议，实质上是为了改善车站环境，工作人员应该虚心接受，热情对待。

4. 核心能力训练

（1）以小组为单位，一般小组成员为6—8人，采用角色扮演方法进行该投诉事件的处理。角色分别为地铁工作人员与乘客。

（2）各小组分配角色，每个角色围绕自己的身份设计台词及应变措施，目的是发现问题，提高专业水平，完善自我，增强团队意识，提高团队协作能力与写作水平，提高语言表达能力与信息处理能力，从而达到有效处理事件的目的。

（3）其他学生在每个小组进行角色扮演时作为评委进行评定，每个小组扮演结束后肯定其优点，重点指出角色扮演的过程中存在的问题以及需改进的方法。目的是提高旁观学生的观察能力、思考问题的能力，培养学生的团队合作精神。

五、多种原因引发的乘客投诉

【案例描述】

2010年2月，有一名乘客来到乘客服务中心，认为大概半小时前售票员少找给他50元钱。售票员在听取情况后，认为不会少找钱给乘客，直接就和乘客说："我售票都这么长时间了，不可能出现少找给您钱的情况。"乘客很激动，开始指责售票员，并要求找值班站长投诉。

【任务要求】

1. 如果你是车站负责人，请分析该票务人员处理事件的流程存在哪些问题。
2. 如果你是车站工作人员，会怎样处理？

【任务实施】

1. 投诉原因分析

（1）售票员在售票过程中，没有严格按照售票作业程序进行售票，导致乘客怀疑售票员少找钱给他，这是和乘客发生纠纷的主要原因。

（2）当乘客回来说少找钱的时候，售票员没有认真做好乘客安抚工作，而是一口咬定自己没有少找钱，导致乘客情绪激动。

2. 投诉处理技巧

（1）当乘客认为票款不符时，售票员应耐心地向乘客解释："对不起，我们的票款是当面点清的，请您再确认一下您的票款是否正确，多谢。"

（2）如果乘客坚持认为少找钱，应先安抚乘客，平息乘客的情绪，然后提出解决方案：请求上报车站控制室进行查账，最终确定乘客的反映是否属实。

（3）如果属实，要向乘客道歉，并退还少找的钱款；如果不属实，应该耐心地向乘客解释，做好安抚工作："对不起，经我们查实，我们的票款没有差错，请您谅解。"如果乘客为难工作人员，可以请求公安的配合。

3. 改善与建议

售票员应该严格按照标准售票作业程序操作，并提醒乘客当面点清票款。

4. 核心能力训练

（1）以小组为单位，一般小组成员为6—8人，采用角色扮演的方法进行该投诉事件的处理。角色分别为售票员与乘客。

（2）各小组分配角色，每个角色围绕自己的身份设计台词及应变措施，目的是发现问题，提高专业水平，完善自我，增强团队意识，提高团队协作能力与写作水平，提高语言表达能力与信息处理能力，从而达到有效处理事件的目的。

（3）其他学生在每个小组进行角色扮演时作为评委进行评定，每个小组扮演结束后肯定其优点，重点指出角色扮演的过程中存在的问题以及需改进的方法。目的是提高旁观学生的观察能力、思考问题的能力，培养学生的团队合作精神。

【复习与思考】

一、判断题

1. 思想和情感沟通起来比较简单，信息是不太容易沟通的。　　　　（　　　　）

2. 肢体语言更擅长沟通的是思想和情感。　　　　（　　　　）

3. 在沟通过程中说的话一定要非常明确，让对方有一个准确的理解。　　（　　　　）

4. 听比说更重要，听是更重要的沟通技巧。　　　　（　　　　）

5. 眼睛看到的是信息，耳朵听到的更多的是对方传递的思想和情感。　　（　　　　）

6. 沟通中发送的不仅仅是信息，还有思想和情感。　　　　（　　　　）

7. 电话是一种语言沟通，是对一些短小的信息、简单的思想情感进行传递的有效方式。

　　　　　　　　　　　　　　　　　　　　　　　　（　　　　）

8. 沟通中的发送要注意发送的有效方法、在什么时间发送、发送的具体内容、发送对象，
　　以及在什么场合中发送等几个方面。　　　　（　　　　）

二、单选题

1. 沟通结束以后一定要（　　　）。

　　A. 双方感觉十分愉快　　　　　B. 一方说服另一方

　　C. 形成一个共同的协议　　　　D. 约定下次沟通的时间

2. 沟通的模式分为（　　　）和肢体语言沟通两种。

　　A. 口头语言沟通　　　　B. 书面语言沟通

　　C. 图片或者图形　　　　D. 语言沟通

3. 下列哪种沟通方式是最有效的、最方便的。（　　　）

　　A. 电子邮件　　　　B. 电话

　　C. 面谈　　　　　　D. 会议简报

4. 聆听的第一个步骤是（　　　）。

　　A. 寒暄问候　　　　B. 提出问题

　　C. 准备聆听　　　　D. 身体前倾

5. 以下（　　　）不是聆听的反馈。

　　A. 聆听　　　　　　B. 微笑

　　C. 身体前倾　　　　D. 对于将来的建议

6. 沟通一定是（　　　）的。

　　A. 单向的　　　　　B. 多向的

　　C. 双向的　　　　　D. 反复的

7. （　　　）是聆听的消极行为。

　　A. 点头　　　B. 身体前倾　　　C. 微笑　　　D. 频繁看表

8. 语言沟通更擅长传递的是（　　　）。

　　A. 思想　　　B. 情感　　　C. 信息　　　D. 思路

三、多选题

1. 聆听效果可以分为（　　　）等几种。

　　A. 听而不闻　　　B. 设身处地地聆听　　　C. 专注地聆听　　　D. 假装聆听

2. 沟通失败的原因包括（　　　）。

　　A. 缺乏一定的信息和知识　　　　　B. 在沟通过程中没有优先顺序

　　C. 时间充裕　　　　　　　　　　　D. 文化的差距

3.双向沟通必须包含（　　　）。

　　A.说的行为　　　B.听的行为　　　C.问的行为　　　D.答的行为

4.所谓沟通，是指为了一个设定的目标，把（　　　）在个人或群体间传递并且达成共同协议的过程。

　　A.信息　　　B.语言　　　C.情感　　　D.思想

5.在沟通过程中说的话一定要非常明确，让对方有（　　　）的理解。

　　A.唯一　　　B.准确　　　C.多种　　　D.猜测

6.以下（　　　）不是反馈。

　　A.指出对方做得正确的地方

　　B.指出对方做得错误的地方

　　C.对于他人言行的解释

　　D.对于将来的建议

7.肢体语言更擅长沟通的是（　　　）。

　　A.信息　　　B.情感　　　C.思想　　　D.想象

8.一个完整的双向沟通过程包括（　　　）。

　　A.发送　　　B.转达　　　C.反馈　　　D.接收

四、简答题

1.什么是乘客投诉？乘客投诉的原因有哪些？

2.简述处理乘客投诉的基本原则。

3.简述处理乘客投诉的常用技巧。

五、角色扮演（分组完成）

1.根据乘坐地铁时遇到的实际情况，举出一个有关乘客纠纷的事件。

2.研讨事件处理的经过。

3.完成表4-6。组员分角色扮演值班站长、站务员、乘客等角色，并分组表演。

表4-6　角色扮演

日　期		时　间	
参与者			
姓名		扮演角色	
演练情景			

项目五
城市轨道交通车站各岗位的职责与流程

【引言】

　　质量是一种经营，是一种文化、一种理念，是企业与客户、消费者沟通、联系的纽带。企业通过优质产品，赢得顾客满意，树立企业形象，提高产品信誉，扩大产品影响，培养客户的忠诚度，这些都需要员工凭着自己的责任心去维护。而一个人的责任心是他工作热情之所在，一个人若是没有热情，他将一事无成。

【学习目标】

　　知识目标：

　　1. 系统掌握车站的管理、运作模式，岗位体系设置模式，以及不同模式的特点。

　　2. 熟悉车站客运各岗位的分布情况、岗位职责及工作流程。

　　能力目标：

　　1. 掌握城市轨道交通车站各岗位在客运工作中的上下级关系，以及作业交叉与联系。

　　2. 了解城市轨道交通车站所有与客运相关工作岗位的作业流程，掌握班前、班中、班后各岗位的作业程序。

　　3. 以小组为单位进行团队建设，进行各岗位作业流程的演练与配合。

【知识加油站】

　　质量管理是指确定质量方针、目标和职责，并在质量体系中通过诸如质量策划、质量控制、质量保证和质量改进使其实施全部管理职能的所有活动。城市轨道交通车站服务质量就是通过各岗位职责来体现的，了解并掌握车站各岗位职责与作业流程，是进一步提高车站服务质量的基础，也是让乘客满意和忠诚的最有效的方法。

任务一　城市轨道交通车站服务的基本要求

《城市轨道交通客运服务》（GB/T 22486—2008）中，将服务质量定义为：服务组织为乘客所提供服务的程度。如果顾客对服务的感知水平符合或高于其预期水平，则认为该企业具有较高的服务质量；反之，则服务质量较低。

根据国家城市轨道交通运营服务管理的基本要求，车站服务有以下规范和要求。

1. 车站的出入口、通道、站厅、站台等公共区域应保持畅通，服务设施、设备运行良好，客流有序，满足乘客进站、购票、验票、候车、乘车、出站的条件。

2. 车站应确定客流警戒线，密切关注客流变化情况，特别是早晚高峰时段的客流变化情况，当客流达到或超过警戒线时，及时采取措施保证乘降秩序和运营安全。

——在客流达到车站最大通过能力的 70% 时，采取分流限售措施；

——在客流达到车站最大通过能力的 90% 时，采取暂时停止售票措施；

——在客流骤增超出车站最大通过能力时，采取临时封闭车站进口措施。

3. 车站应为乘客提供照明系统、给排水系统、广播系统、时钟系统、通风系统、导向标志系统、火灾自动报警系统、自动售检票系统、公共卫生间等服务设备设施，以及消火栓、灭火器等消防设施。

4. 车站可设置自动扶梯、电梯、楼梯升降机、候车座椅、空调系统、环境与设备监控系统、屏蔽门系统、乘客信息服务系统、无障碍设施等服务设备设施。

5. 车站应设置线路图、首末班车时间、票制票价信息、列车运行方向、乘客须知、进出站引导、与地面公交换乘引导、售检票处等客运服务标志，以及安全、疏散标志，标志应符合《北京市地方标准》DB11/T657.2—2015 的要求，英文标志应符合《公共场所双语标识英文译法》DB11/T334—2016 的要求。各种标志内容应根据信息变化及时更新。

6. 应制订设备设施维护保养计划，并根据设备运行状况、运行时间调整检修周期，按计划对车站设备设施进行维护保养和日常检修。确保服务设备设施和消防设施完好，能够安全地正常运转。

7. 车站应进行广播宣传。对站台候车乘客应广播排队候车、安全乘车的信息；列车进站时应广播列车开行方向、安全候车的信息；对下车的乘客进行广播疏导；换乘站应广播换乘路线信息。有条件的车站可通过乘客信息服务系统告知乘客有关运营信息。广播用语应当规范、清晰、正确，英文广播有关用语或乘客信息服务系统英文信息，应符合《公共场所双语标识英文译法》DB11/T334—2016 的要求。

8. 车站应做好乘客的宣传、组织、疏导工作，注意站台乘客的安全状况，提醒乘客不要越过安全线或不要倚靠屏蔽门。

9. 发售车票、售卡、充值应当做到迅速准确，减少乘客等候的时间。

10. 查验车票应做到准确无误。

11. 阻止携带容易污损地铁设备和站、车环境的物品、超长（1.8米以上）物品、笨重物品、妨碍车内通行和危害乘客安全等禁带物品及动物的乘客进站乘车。严禁乘客携带易燃、易爆、有毒、放射性、腐蚀性等危险品进站乘车。

12. 车站应制定卫生保洁制度；及时清除车站站厅、站台、公共卫生间的垃圾、污物、乱涂乱画的痕迹及小广告。

13. 城市轨道交通的内部空气环境应采用通风系统或空调系统进行控制。当地下车站采用空调系统时，车站站台、站厅温度不应超过30℃。高架线和地面线车站一般宜采用自然通风。必要时，站厅可设置机械通风设备或空调系统。当高架线和地面线车站的站厅层采用空调系统时，站厅内的夏季温度不应超过30℃。

【知识拓展】

某地铁公司客运服务质量目标

一、安全可靠

1. 正点运送的乘客占乘客总量的百分比达到99.7%。

2. 两次事故间平均列车行驶安全公里数大于2000公里。

3. 事故造成的死亡事件发生频率为零。

二、高效便捷

1. 列车运行图兑现率（列车服务供应）达到99.92%。

2. 列车服务正点率按照列车偏离运行图正负1分钟以内为正点标准计算，并达到99.5%。

3. 列车平均旅行速度不低于33 km/h。

4. 运营时间不低于《××市地铁运营有限公司运营服务质量标准》要求。

5. 列车发车间隔符合《××市地铁运营有限公司运营服务质量标准》要求。

6. 列车运行掉线率小于0.3次/万组公里。

三、功能完善

1. 售票、增值可靠度达到 99.83%。

2. 闸机出入口可靠度达到 99.9%。

3. 电梯可靠度达到 99.9%。

4. 客运标志完好率达到 98%。

5. 广播可靠度达到 99.9%。

6. 时钟可靠度达到 99.9%。

7. 无障碍设施可靠度达到 99.9%。

8. 车站环境、服务设施执行地铁公司《服务质量标准》，兑现率达到 100%。

9. 站、车公共区域卫生清洁度执行地铁公司《服务质量标准》，兑现率达到 100%。

10. 紧急报警装置完好率达到 100%。

11. 广告装置完好率达到 100%。

四、低耗环保

1. 每车公里耗电量平均值不超过 215 度 / 百车公里。

2. 每人公里用水量，空调线路不超过 0.73 吨 / 万人公里。

五、文明舒心

1. 员工服务态度、服务语言及仪表执行地铁《服务质量标准》，兑现率达到 100%。

2. 乘客有效投诉率小于 0.1 次 / 百万人次。

六、知名品牌

1. 乘客满意率达到 90%。

2. 政府评价（好评）达到 90%。

3. 媒体负面报道小于 0.06 起 / 百万人次。

4. 媒体评价率（好评）达到 80%。

任务二　城市轨道交通车站的管理模式

城市轨道交通运营组织是运营企业为了有效完成乘客运输任务，通过计划、组织、指挥与控制过程，运用人力、设备和运能等资源所进行的一系列活动。其主要内容包括客流分析、行车组织、客运管理、车站工作组织、票务管理、设备保养维修、运营安全管理、服务质量管理和成本控制等。

车站管理是城市轨道交通运营管理最基础也是最重要的环节，车站是城市轨道交通面对乘客的服务窗口和形象标识，车站服务质量与运营效率的高低直接影响乘客的满意度评价。

一、轨道交通车站管理的特点

1. 车站客运组织管理

城市轨道交通车站是一个提供运输服务的公共场所，需要有服务场地、服务设施、服务人员等。市民乘坐轨道交通出行，经过进站—购票—进闸—候车—乘车—下车—出闸—出站八个步骤。车站客运组织就是在服务场地按乘客进站动线和出站动线安排服务设施、服务人员，提供进站和出站服务。

城市轨道交通车站原则上进站和出站两条动线尽量不交叉或少交叉，车站提供的服务设施数量要满足乘客快速流动的需求，车站服务人员应及时帮助有需要的乘客或者解决乘客停留集聚的问题，疏导乘客快速进、出站，维持站内秩序，确保交通畅通。

2. 车站票务组织管理

票务收入是轨道交通运营单位的主要收入来源，安全、可靠和完备的自动售检票系统是轨道交通票务收入和结算的基础。

乘客乘坐轨道交通需支付一定的车资，因此售票和检票是车站提供的基本服务之一。这些服务需借助设备和人员来完成，其中涉及现金管理、车票管理以及设备的维护、维修管理等。

原则上，车站票务组织以乘客自助服务为主，车站提供自动售票机、自动增值机、自动查询机、进出站闸机等设备，实现售票、检票的全自动化。在乘客进站、出站动线上设置完善的服务标志，帮助乘客快速地找到相关设施。随着互联网技术的快速发展，现在车站的客服中心主要提供咨询、补票、换零等业务。

车站要持续和不间断地提供车票、找零硬币，回收车票、回收票款，组织做好车票流和现金流的安全、顺畅运作。当然，随着互联网技术的不断发展、移动支付方式的不断完善，现在大多数地铁车站开通了不同形式的移动支付方式，如通过智能手机的地铁电子卡直接采用支付宝、微信扫码的支付方式进行支付等。这种不带现金的移动支付方式大大减轻了车票的损耗、现金的进出，减少了车站售票设备的投入、人力资源的投入等。

3. 车站行车组织管理

乘客坐上列车，列车必须运行才能完成乘客的位移，因此，车站还必须为列车运行和停靠提供线路，以及组织列车运行的其他设备条件和人力资源。

列车在线路上的运行由行车控制中心负责指挥，城市轨道交通车站主要做好乘客上车、下车的安全有序和列车进、出站的安全。特殊情况下，根据控制中心行车调度员的指挥做好人工排列列车进路，以及列车进、出站的人工接车、发车作业。

4. 车站综合业务管理

车站作为大量人员集散的场所，除了满足乘客出行的需求，还需提供部分便民服务以及适当的商业资源开发，如公用电话、洗手间、便利店、取款机、售卖机、商铺等；作为分割界限清晰、空间相对封闭的场所，车站还需要保安、保洁、维保人员，进行物业管理等。

车站综合业务管理涉及工商、城管、公安、消防、卫生防疫等，有些可以通过委托执法程序由车站人员代执行，有些则需要车站人员配合相关部门工作。车站综合业务的管理需要车站站长具备较强的综合协调能力。

随着互联网技术的快速发展，城市轨道交通车站利用内存计算、互联网、人工智能、大数据实现人、设备和业务网络的实时互联，重构车站综合业务管理模式，为乘客提供更多的便利服务。通过大数据分类可以实现实时的交通运营计划、执行、预测和模拟，为城市轨道交通的客运决策提供有力支持。

二、轨道交通车站的管理模式

轨道交通车站的管理模式取决于运营设备自动化程度和客流量的大小，也与整个运营单位管理模式密切相关。按其隶属层次和管理权限不同，车站的管理模式也略有不同，一般分为两种，一种以车站为基本单位的自然站管理模式，另一种为中心站管理模式。

1. 以车站为基本单位的自然站管理模式

以车站为基本单位的自然站管理模式是基于"点、线"结合的单线管理模式，是一种集权式管理结构，其主要特点就是按线路统一成立一个车站管理部门，以车站为基本单位进行管理，统一模式、统一标准，车站管理部门统一提供技术和业务支持。

该模式的优点是技术业务支持人员集中设置，车站只负责运输计划的执行，综合业务均由技术支持人员完成。这一方面确保了政策、制度执行不走样，另一方面节约了人力资源。但其缺点也明显，需有针对性地采取措施。

2. 中心站管理模式

中心站管理模式是根据车站客流量和技术设备设置的不同（如联锁站或非联锁站），在一条线路上选取几个车站作为中心站，邻近车站作为卫星站，以一带几（如3—5个车站）的形式进行管理，由中心站统一提供技术和业务支持。

中心站管理模式是对所有的车站实行分线、分区域式的管理。在分线或分区域式管理的前提下，以区段（以中心站带卫星站）取代车间和单个车站作为车站管理基本单元。通过优化管理，完善区段自身管理功能和职能，使区段成为车站的管理中心、成本中心，同时强化车站现场管理作用，实现地主式管理。

中心站的设置，加大了现场业务的指导力度，车站具有了更多的自主权限，在处置突发事件时，效率提高。中心站的管理模式更适合"点、线、面"三结合的网络化运营管理。

以上两种管理模式都是基于传统的车务、车辆、综合维修三大运营业务模块的分割化管理方式。随着设备系统自动化程度的提高，设备运作的可靠性增强，车站管理模式具有了进一步优化的可能性。有些城市轨道交通的运营单位也在尝试将简单维修业务并入车站管理内容，服务人员兼简单维护和更换修任务，而维修人员也肩负起乘客服务工作，在应急情况下，统一服从站长指挥，增强现场处置能力，提高处置效率。

任务三 轨道交通车站的岗位设置及运作流程

　　城市轨道交通车站客运工作有哪些岗位？岗位职责及作业流程是什么？掌握这些内容对做好城市轨道交通客运站组织工作有着至关重要的作用，是开展各项客运组织工作的前提和保障。只有了解各岗位、岗位职责及工作流程，才能对城市轨道交通客运工种有一个系统全面的认识，也才能对各岗位工作的具体内容与岗位之间的区别联系和相互衔接有一个清楚的认识，避免在工作中职责不清、关系不明而造成的客运组织工作混乱，确保客运组织工作的持续可控、平稳有序。

一、车站组织架构

　　车站的工作任务主要包括行车组织、客运组织、票务组织和综合管理。纵观国内城市轨道交通车站的岗位设置经验，车站岗位基本可以分为以下几种，即站长、值班站长、值班员、站务员、保安、保洁等。车站的组织架构，如图 5-1 所示。

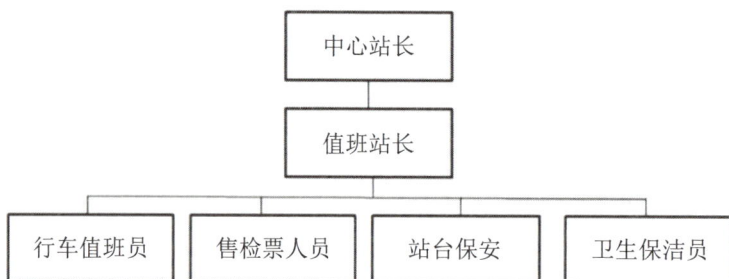

图 5-1 车站组织架构

　　我国绝大多数地铁车站实施站长负责制，都是由值班站长负责车站内日常管理事务，其上级是站区长，很多城市已不再设站长一职。一般情况下，车站实行层级负责制，由上至下依次为站务经理、站区长、站长、值班站长、督导员（综控员或行车值班员）、站务员，信息汇报实行逐级汇报，特殊情况下可越级管理、越级汇报。根据其工作性质，车站工作 24 小时运转。站长为日勤岗，值班站长为倒班岗，负责相应班次的管理责任，指导和组织值班员、站务员、保安、保洁开展工作。

　　根据不同业务的工作量和岗位职守点，值班员还可以分为行车值班员和客运值班员两类。行车值班员值守在车站综合控制室，负责车站行车工作，监视列车到、发情况及乘客上下车、候车动态，监控设备运作状况；客运值班员值守在车站票务室，负责钱款、车票等的运作、报表填写等。行车值班员和客运值班员均为倒班岗。

站务员按其工作场所和执行职责不同，可以分为售票员、站台巡视员和站厅巡视员等。

二、岗位设置

（一）站长

站长负责车站全面工作，包括安全管理、行车、客运和票务管理、乘客服务、班组管理、员工培训以及对外协调等。

1. 安全管理方面主要做好以下几方面工作

（1）对车站行车、客运、票务、消防、治安及人身安全负责。

（2）贯彻实施各项安全管理制度和措施，制订、落实各项安全工作计划。

（3）按照安全制度，检查车站安全情况，及时消除安全隐患。在处理故障或事故时，指导各车站人员根据相关的规则及程序协助处理故障或事故，并做好恢复、善后及预防的工作，保证及时、安全、高效地处理突发事故和恢复客运服务。

（4）确保与公安及政府应急抢险部门及其他公交机构保持沟通合作，以便在发生重大交通故障或事故时能及时处理，组织车站员工参与处理各类事件、事故。

（5）每月组织召开班组月度安全工作会议，进行月度安全工作总结和员工安全教育，做好记录。

2. 行车、客运和票务管理工作方面

（1）组织执行车站行车组织方案，开展车站客运和票务工作。

（2）编制日常及节假日客运组织方案。

（3）定期做好车站行车、客运和票务的计划、检查、总结工作。

3. 乘客服务工作方面

（1）监督车站乘客服务工作，为乘客提供优质服务。

（2）受理并处理乘客投诉、来信、来访。

（3）汇总服务案例，总结服务技巧，提高员工服务质量。

4. 班组管理工作方面

确保所管辖内车站工作的安排、指导、检查、监督、评价和考核工作能适当及公平公正地执行，减少内部冲突，保持车站团队的伙伴合作精神，营造积极向上的良好工作气氛。

（1）每月根据上级要求，结合车站实际制订计划，做好员工排班及考勤工作。

（2）对全站员工、保安、保洁进行管理考核，每月汇总、公布员工考核情况。

（3）每月定期召开班组成员会议，及时解决车站出现的问题。

（4）负责本站建章立制工作。

（5）负责本站与驻站部门、接口单位的联劳协作，协调车站相关工作。

5. 员工培训工作方面

（1）根据上级的要求制订车站培训及演练计划。

（2）负责新员工和调岗、复工员工的车站级安全教育。

（3）定期进行员工教育，掌握员工思想、工作状况，按车站实际情况安排并开展培训工作。

（4）定期检查培训效果，进行培训总结。

（二）值班站长

值班站长在站长的指挥下开展工作，负责本班组的业务及人员管理。负责管理本车站的有效列车运作及客运服务工作，确保站务人员能按要求提供安全、可靠及高效率的车站服务。随时保持与中心行车调度员、电力系统调度员和站务人员的联络畅通，掌握有关行车和相关设备的情况。及时处理车站发生的行车事故，减少对乘客的影响。

当车站的设施、设备发生故障或出现突发情况时，应采取有效措施保证车站的正常使用，并将故障情况通知有关单位。

值班站长还需要协助制订站务人员的排班表，确保站务工作的安排、指导、检查、监督、评价和考核工作能公平、公正地执行，减少内部冲突，以营造或维持车站内部的团队合作精神。

（三）值班员

1. 行车值班员

行车值班员在本班组值班站长的指挥下开展工作，负责本班组车站综合控制室，负责车站行车工作，监视列车到、发情况及乘客上下车、候车动态，监控设备运作状况。

2. 客运值班员

客运值班员在本班组值班站长的指挥下开展工作，负责本班组票务工作，如在票务室内负责钱款、车票等的运作、报表填写等。

三、站务员

站务员包括车站售票员、站厅巡视员以及站台巡视员三个岗位。售票员负责客服中心的售票、充值、补票、咨询等工作；站厅巡视员负责站厅乘客服务、设备的巡视、紧急情况下事件的处理等；站台巡视员负责站台乘客服务、设备的巡视、紧急情况下事件的处理等。

1. 车站售票员作业流程

（1）班前

①首班车到达以前，按规定着装，学习重要文件，听取值班站长安排。

②领取现金备用金、票卡、钥匙、对讲设备等。

③检查 AFC 设备、备品及对讲设备情况，做好售票准备。

（2）班中

①严格按照售票作业程序售票，如果乘客使用大面值的纸币购票应提醒乘客当面点清票款。

②在帮助乘客充值时提醒乘客看显示器金额，让乘客确认。

③当班过程中需保持客服中心的整洁，将票证报表、钱袋摆放整齐。

④当硬币、车票、发票数量不够时，向车站控制室报告。

⑤售票结束后，票务员进行设备设施的交接，将本班的报表、车票、所有现金收好拿回票务室。

⑥整理钱、票，带回票务室结算。

⑦班中如果需要替换岗位，做好票务钥匙、票务设备、对讲设备的交接工作。

（3）交班

①退出 BOM，将抽屉里的钱和车票整理后放入票盒。

②将硬币清理好装回硬币袋。

③拿走本班的钱袋，尽快回票务室结账。

2. 站厅巡视员和站台巡视员作业流程

（1）班前

①签到，阅读文件，接受上级交代的工作，了解注意事项；

②领取相关的对讲机设备和钥匙；

③巡视车站及设备；

④带齐工作备品准时到岗，配合值班站长做好车站开启工作

（2）班中

①站台巡视员：列车进站时，站务员需站在紧急停车按钮旁边，以便发生事故时及时按下，保证乘客安全；工作时间内要求站立姿势，不得坐在灭火器或站台座椅上。

当列车进站时，提醒乘客不要拥挤，不要手扶车门，注意列车和屏蔽门之间的空隙。

②站厅巡视员：引导乘客使用自助售检票设备；运营时间内巡查车站设备，并做好相关记录；回收闸机的票卡，补充 TVM 的票卡及找零钱箱；发生紧急情况时，第一时间内报告车站控制室；在上下行末班车到站前，在 TVM 上，每组闸机前应摆放告示牌停止售票。

（3）班后

末班车开出后清理站台，确认车站没有滞留乘客，无异常情况后汇报；协助关闭车站的相关设备；配合值班站长做好车站关闭工作，将相关钥匙和对讲设备交还给车站控制室。

四、城市轨道交通车站运作流程

车站的运作是运营大联动的有效体现，车站运作与调度指挥、技术管理、票务、财务、设备维修、物资配送、人力资源等部门密切相关。

1. 计划的制订

轨道交通运营单位计划分为生产计划和管理计划两类。生产计划包括运输计划、维修计划、物资计划等；管理计划包括技术管理、安全管理、质量管理、人力资源管理、综合管理等。

2. 人力资源的安排

车站是生产单位，原则上按岗设人，不能因缺岗少人而影响安全生产。车站开通运营前确保所有岗位人员按定员定编全部到位，开始运作。

车站定编主要与以下因素相关：各岗位班制及备员率、车站结构和性质、车站规模及客流量、车站客运设备设施情况、车站运作管理要求、服务标准。

车站生产岗位人员需要掌握的技能要求高，劳动强度大，每天面对的情况也比较复杂，需具备一定的应急处置心理素质，这在一定程度上加大了车站岗位人员的流动性。因此，车站定员要考虑一定数量的备员，并根据人员流动情况定期补充。

备员率需要考虑两方面的因素：一是正常情况下，节假日、员工公休假等情况的应对；二是员工流失率的应对。原则上，备员率不少于5%。

由于车站各层级岗位的特殊关联性，晋升上一级岗位必须在下一级岗位工作满规定的期限，如6个月到1年。因此，面向社会或院校招聘的以站务员为主，经岗位培训合格取得站务员岗位资格证后上岗。所有岗位均配备一定比例的备员，备员必须考取相应资格证，并进行一段时间的跟班实习，直至经考核能够独立上岗。车站根据岗位空缺情况，及时从相应备员中选拔符合资格的人员进岗，确保车站工作安全有序。

3. 物资、备品的配备

车站的物资、备品计划由车站根据定额和配备标准提报计划，提报物资部门后，由物资部门予以采购。

由于车站物资、备品种类杂，数量多，车站设备区空间有限，没有专门的区域作为仓库，配送和储存都较困难。为了满足车站日常和应急情况下的运作，对于物资备品必须分类制订出详细的采购和配送方案。如一些特殊备品，车站用量不多、损耗不大的，可以按年度采购以后，配送到车站，由车站保管和使用；一些易耗易损件，通过年初与供应商签订合同，由车站按需提出需求，供应商直接配送到站的方式操作，节省人力和物力。

【复习与思考】

1. 城市轨道交通车站管理模式有哪几种？请简要阐述。

2. 简述城市轨道交通车站各岗位的职责。

3. 简要说明车站运作流程。

4. 说明车站站务员各岗位的作业流程。

项目六
城市轨道交通客流分析

【引言】

在日常工作中，解决问题、处理事务、策划市场、管理企业，每一件事都没有捷径可走，大量工作都是由一些琐碎、繁杂、细小的事情组成。只有踏踏实实从每件小事做起，从中不断总结提炼精华，把工作做得比别人更完美、更迅速、更正确，才是我们职业人的工作态度。

【学习目标】

1. 了解并掌握城市轨道交通客流的基本概念。
2. 了解掌握城市轨道交通客流的分析方法。
3. 了解并学会城市轨道交通客流预测的方法。
4. 了解绍兴城市轨道交通 1 号线客流预测及分析情况。

【知识加油站】

发展城市轨道交通是城市发展进程中的百年大计，城市轨道交通具有客运量大、快速、便捷、准时等特征，成为当今世界缓解城市交通拥堵最有效的出行工具，并逐渐成为现代城市公共交通体系的主导，对一个城市发展模式和人民生产生活都将产生深远的影响。因此，怎样做好城市轨道交通的客流特征分析，使客流预测与实际客流一致，进而为城市的轨道交通规划创造良好条件，发挥城市轨道交通的运行效益，促进沿线土地的有效开发利用，具有非常重要的意义。

任务一 城市轨道交通客流概述

一、客流的概念

客流是指在单位时间内，轨道交通线路上乘客流动人数和流动方向的总和。

客流是规划轨道交通线网及线路走向、选择轨道交通制式及车辆类型、安排轨道交通项目建设顺序、设计车站规模和确定车站设备容量、进行项目经济评价的依据，也是轨道交通安排运力、编制列车开行计划、组织日常行车和分析运营效果的基础。

按时间分布特征分，轨道交通客流可以分为全日客流、全日分时客流和高峰小时客流三种；按客流来源分，轨道交通客流可分为基本客流、转移客流和诱增客流三种；按空间分布特性分，轨道交通客流可以分为断面客流与车站客流。

1. 断面客流量

在单位时间内（一小时或全日），通过轨道交通线路某一地点的客流量。

计算公式如下：

$$P_{i+1} = P_i - P_下 + P_上$$

P_{i+1}——第 $i+1$ 个断面的客流量（人）

P_i——第 i 个断面的客流量（人）

$P_下$——在车站下车人数（人）

$P_上$——在车站上车人数（人）

2. 最大断面客流量

在单位时间内，通过轨道交通线路各个断面的客流一般是不相等的，其中的峰值称为最大断面客流量。

3. 高峰小时最大断面客流量

在以小时为时间单位计算断面客流量的情况下，全日分时最大断面客流量一般是不相等的，其中的峰值称为高峰小时最大断面客流量。

4. 车站客流量

车站客流量是指在轨道交通车站上下车和换乘的客流量，可细分为全日车站客流量、高峰小时车站客流量和超高峰期车站客流量。

二、影响客流的因素

影响城市轨道交通客流的因素比较多，如城市轨道交通站点沿线的土地利用、开发等，地面交通的服务水平和服务质量、城市轨道交通建设投资及力度、城市轨道交通的票价、机动车发展政策等。上述因素根据属性特征可以分为外部因素和内部因素，相比内部因素对客流的影响，外部因素更加明显，且具有随机性，是重点研究对象。

1. 轨道交通沿线土地利用情况

土地利用与客流的关系是"源"与"流"的关系，城市各区域功能的定位决定了出行活动及出行流量、流向。此外，土地利用规划对城市布局发展模式有着重要的影响。在城市由单中心布局发展到单中心加卫星城镇布局，又进一步发展到多中心布局的过程中，通常伴随着客流的大幅增长。

2. 城市布局发展模式

我国已进入城市化快速发展的时期，伴随着城市规模的日益扩大，出现了居民工作地和居住地的分离。特别是郊区化的趋势迫使人们出行范围加大、通勤时间和距离也相应增加。通勤成本已经成了人们选择居住地的一大要素。而轨道交通凭借其快速度、准时便捷的优势极大地缩短了沿线居民的通勤时间，在吸引通勤人口移居的过程中改变了城市布局发展。

3. 城市人口规模与出行率

客流量及客流性质反映了乘客的出行需求，是确定轨道交通运输能力的基础。城市人口规模越大，客流高峰时间就越长。根据客流高峰出现的时间、方向等，总结客流变化规律，合理编制列车运行计划，依据全日分时最大断面客流量和乘客服务水平的要求来确定详细的运能安排，使运输能力供给尽量满足运输需求，这样就可以大幅增加轨道交通的客流量。

4. 票价

由于城市轨道交通系统是带有一定公益事业性质的公共交通系统，无法单纯考虑企业盈利而将票价定得过高。同时，票价高低又直接影响客流量与系统吸引力。

5. 服务水平

城市轨道交通以为公众提供优质、便捷和高效的运营服务为目的，运输能力的大小是影响其服务水平的重要因素。运输能力应尽量满足客流需求，能力不足就会导致服务水平下降，影响乘客出行。线路输送能力的大小会直接影响城市轨道交通的服务水平。

城市轨道交通内部服务水平中发车间隔对客流的影响最大。如果发车间隔增大，乘客的候车时间尤其在早晚高峰时期将会延长。在列车容量有限的情况下每次会有更多的乘客上车，车内将会十分拥挤，这样的结果将导致服务水平急剧下降。

6. 政府的交通运输政策

政府实行公共交通优先、严格限制私人汽车拥有量的倾斜政策；同时，政府还特意确保地铁的有效运营。例如，政府出面调整现有公交车线路，以免与地铁线重叠，造成资源浪费，政府还有意限制地铁车票涨价，鼓励民众乘坐地铁等。这些政策的倾斜都是增加城市轨道交通客流的最有效的方法。

城市轨道交通外部环境中地面公共交通的发展和服务会对客流产生直接的影响。城市轨道交通作为公共交通的主体发挥着至关重要的作用，只有存在与其协调性较强的接驳系统，才能充分发挥其功能。

7. 交通线网的规模与布局

交通线网规模受城市形态及布局、城市人口、城市面积、城市交通需求、城市国民生产总值、城市基础设施投资比例的直接影响，这些影响因素相互之间又有可能相互制约。

城市轨道交通线网规划依托于城市，是为了适应城市交通的快速发展而做出的长期规划。因此，城市轨道交通线网的规划及建设是一个系统工程，是一个有序并逐渐完善的过程，因此会导致后续建成线路对已经开通运营线路客流产生影响。后续建成线路即新线接入线路，主要通过换乘站和客流覆盖区域影响已有线路的客流，此外运营模式也是一个重要的影响因素。如果整个路网中每条线路都是共线运营模式，那么其对客流的影响将完全不同于独立运营模式。

8. 私人交通工具的拥有量

出行者交通方式的选择完全是个人心理选择的行为，是人们在出行之前和出行之中的一系列选择过程。

当出行者考虑是否利用城市轨道交通出行时，首先会关注轨道交通的通达性。若城市轨道交通的通达性满足要求，出行者根据以往的感受提出更高的要求，关心城市轨道交通的便捷舒适性；只有当城市轨道交通通达性和便捷舒适性同时满足出行者需求时，出行者才会坚持选择轨道交通方式而不选择私人交通工具出行。

只有城市轨道交通的内外部服务水平和质量不断提高，才能吸引更多的乘客选择乘坐轨道交通。为乘客提供安全、舒适、便捷的服务使城市轨道交通相对于其他交通方式更加具有竞争力。

任务二　城市轨道交通客流分析

城市轨道交通的客流属于动态流，它随天、时、地的变化而变化，这种变化恰恰反映了城市社会经济活动和生活方式，以及交通系统本身的特征。不均衡性是城市轨道交通客流的重要特征之一，主要包括时间和空间分布上的不均衡性。此外，随机性是城市轨道交通客流的另外一个重要特征。如举行大型会演、体育比赛、重大政治商务集会等情况均会引起客流量大幅度增加导致客流分布的变化。如果城市轨道客流在短时间内急剧增大，运营组织需要针对具体情况调整列车运行图，以适应一定时期内的客流变化。

一、车站客流分布特征

轨道交通车站客流呈现时间变化曲线，不同用地性质的车站应具有不同的客流时间分布特征，考虑车站的上、下车客流量与周边土地利用性质存在密切关系，一般可分为居住、办公、商业、枢纽、旅游、混合等六大类进出站客流分布特点。

居住类型车站周边用地多为居住小区，是主要的轨道交通车站类型，以服务通勤客流为主。这类车站进出站客流单峰特征明显，早高峰以进站客流为主，晚高峰以出站客流为主。早高峰持续时间从 7：30 到 9：30 左右，晚高峰客流相对分散，持续时间从 17：00 至将近 20：00。

办公类型站点周边主要为行政、商务办公、写字楼等用地，是通勤客流主要的集散站点，早高峰轨道出站客流量大，晚高峰进站客流量大，单峰客流特征明显，与居住类型时间分布相反。对于这类站点，出站客流分布集中，早高峰集中在 8：00—9：30，尤其在 8：30 附近有短时大客流，超高峰系数和高峰小时系数较高。

商业类型站点周边以商场、餐饮、影剧院等娱乐活动场所为主。此类站点早高峰以出站为主，晚高峰以进站为主，但相较于办公类站点高峰持续时间较长。全日进站客流呈现两个高峰，购物娱乐进站客流白天不断攀升，并在 16：00—19：00 达到高峰，21：00 后购物及商场就业人员离开客流形成另一个高峰。最大出站客流集中在早高峰时段 7：30—9：30，并在白天至 18：00 前都保持着一定出站比例。

枢纽类型站点周边有大型航空、铁路、公路等对外枢纽。枢纽类型站点没有明显高峰，全日客流分布相对均衡，但时刻客流波动明显，这与枢纽客流到发时间有一定的关系。这类车站客流分布没有明显规律，全天客流波动明显，高峰系数较低，在 10% 左右。

旅游类车站与其他车站不同，除了服务周边的居民外，还服务于旅游人群，白天平峰有一定客流比例。客流没有明显的高峰。

旅游类型车站客流分布特征并不明显，由于周边还有居住、商业等其他用地，体现出通勤客流与旅游客流叠加的结果，客流时间分布较均匀，没有明显的高峰。

车站周边混合了多种用地性质。这类混合型站点的客流时间分布综合了居住和办公类客流分布特点，呈现双峰特点，进出站客流在早晚都有较为明显的客流高峰，客流全日进出站时间分布有两个明显的早晚高峰。

这类混合型站点主要服务通勤人群，早高峰在7：30—9：30，晚高峰在17：30—19：30。超高峰系数不大，因为高峰时段有较大到发客流，运营组织要注意分流，避免人流交叉。各类型站点客流特征如表6-1所示。

表6-1　各类型站点客流特征

类型	分布形态	高峰系数	超高峰系数	进站高峰时间
居住	单峰，早高峰进站为主，晚高峰出站为主	15%—20%	1.1—1.4	7：30—9：30
办公	单峰，早高峰出站为主，晚高峰进站为主	16%—22%	1.3—1.6	17：30—19：30
商业	单峰，晚高峰持续时间长	10%—15%	1.1—1.3	16：00—22：00
枢纽	客流分布较均衡，无明显平峰	10%—12%	1.2—1.3	不定
旅游	高峰不明显，白天平峰比例大	10%—15%	1.1—1.3	17：00—19：00
混合	双峰，早晚高峰都有一定进出站比例	13%—15%	1.1—1.3	7：30—9：30 17：30—19：30

二、车站客流分析

根据客流在轨道交通系统不同运营时段内的变化情况，车站客流具有明显的时间分布特征，车站每小时的进出站客流可分为以下几种分布类型。

1. 单向峰型

单向峰型（图6-1）是指城市轨道交通站点位于居住区或者工作区，其具有鲜明的潮汐特征，或者站点周边地区的用地类型比较单一，进出站客流集中分布在早晚高峰，有乘车时的早高峰和下车时的晚高峰等。

2. 双向峰型

双向峰型（图6-2）是指城市轨道交通站点所处的区位有居住区，也有工作区，是综合型用地类型时，城市轨道交通客流的分布在乘车和下车时均会出现早晚高峰。

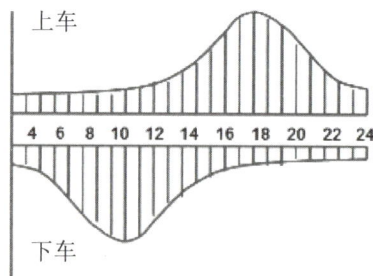

图6-1　单向峰型

3. 全峰型

全峰型（图6-3）是指当城市轨道交通站点所处的交通走廊经济和文化发展程度高或者站点所处的区域有大量公共建筑、商务办公大楼、公用设施等时，客流分布会一直处于高峰，无明显低谷，全天上下车的客流均比较大。

4. 突峰型

突峰型（图6-4）是指当城市轨道交通站点的位置距离大型商务、娱乐活动等设施（体育场、电影院、商场等）较近时，进出站客流随活动开始和结束所呈现的不同分布规律。如演唱会或者体育比赛开始前，会持续出现下车高峰期；在活动结束后，短时间内会持续出现上车高峰期。

5. 无峰型

无峰型（图6-5）是指城市轨道交通在新建、自身条件不足情况下运能有限，或者站点所处的区域还没有完全开发，此时客流没有出现明显的上下车高峰，全天的客流都比较小。

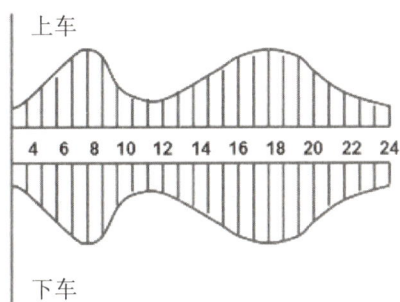

图 6-2　双向峰型

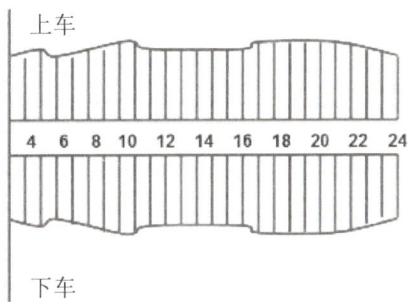

图 6-3　全峰型

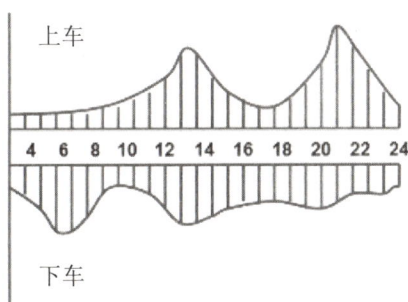

图 6-4　突峰型

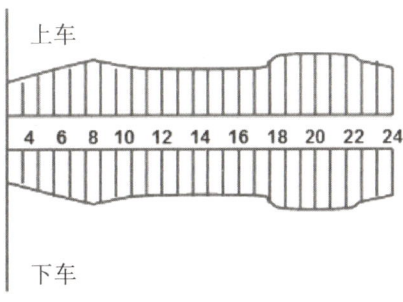

图 6-5　无峰型

任务三　绍兴城市轨道交通 1 号线客流预测

　　客流预测是城市轨道交通规划的基础之一，影响整个规划过程，既是前期轨道交通投资决策的基础，也是确定城市轨道交通网络规模、交通方式选择、线路运输能力、车站规模设备能力、运营组织、经济效益评价的重要依据。

　　在规划路网时，先要根据居民出行调查及城市道路网等资料初拟路网规划图，然后预测路网客流量以证明路网设计的合理性，如发现不当之处，要重新调整路网规划，并重做客流预测，多次反复，直到满意为止。

　　轨道交通客流预测通常采用四阶段法，包含交通发生、交通分布、交通方式划分和交通分配四个阶段。

　　对于轨道交通客流预测结果，主要的统计指标包括各期站间 OD 表，各期全日、高峰小时客流表和客流图，各期各换乘站各方向之间的换乘量，全日客流量的时段分布等。车站客流主要计算指标包括客运量（年平均日客运量、年平均日高峰小时客运量、各站全日和高峰小时乘降量、换乘站各方向的换乘量），客流量（全日单向最大断面客流量、高峰小时单向最大断面客流量、客流密度、客流强度、平均运距），与交通系统结构有关的指标（该线出行量占全市出行量的比例、该线客运量占全市公交客运量的比例）等。

一、客流预测总体评价

　　目前，绍兴在建的轨道交通线路为 1 号线，属于单条线路的轨道交通，其客流预测主要是定性分析的量化。根据其客流预测结果，绍兴地铁 1 号线全线客流预测主要指标对比如表 6-2 所示，并具有以下特点。

1. 客流效益俱佳

　　全线建成后，初期、近期、远期的客流量分别为 38.05 万人次 / 日、57.24 万人次 / 日和 73.92 万人次 / 日，呈现出增长趋势，且初期到近期增长速度较快。主要是因为线路中部的镜湖新区还未开发成熟，线路的末端区域衔接了部分人口分布较集中的重要乡镇，1 号线建成后对沿线可起到发展和带动作用。

2. 大运量客运系统

　　轨道 1 号线高峰小时单向最大断面客流量达到 3.17 万人次，属于大运量客运系统。

3. 客流强度成长规律呈"凸"型

　　图 6-6 为绍兴地铁 1 号线全日客流强度成长规律。从图中可以看出，绍兴地铁 1 号线客流强

度基本呈"凸"型曲线成长，特别是在线路开通后的10年内，客流强度增加明显。随着轨道交通建设的进一步规划和实施，客流仍将增长，但增长趋势有所放缓。

表6-2 绍兴1号线（全线）客流预测主要指标对比表

客流指标		初期	近期	远期
		2024	2031	2046
全日	客流量（万人次）	38.05	57.24	73.92
	线路长度（公里）	50.70	50.70	50.70
	客流强度（万人次/公里）	0.75	1.13	1.46
	最大断面（万人次/日）	10.06	14.15	16.91
	周转量（万人公里）	479.43	704.02	894.39
	平均运距（公里）	12.60	12.30	12.10
早高峰	客流量（万人次）	6.51	9.77	12.56
	高峰系数	17.10%	17.07%	16.99%
	不均衡系数	0.90	0.86	0.83
	最大断面（万人次/小时）	1.80	2.58	3.17
	最大断面区间	镜湖中心站—奥体中心站	镜湖中心站—奥体中心站	镜湖中心站—奥体中心站
	周转量（万人公里）	82.31	120.55	152.44
	平均运距（公里）	12.65	12.34	12.14
晚高峰	客流量（万人次）	5.21	7.79	9.98
	高峰系数	13.70%	13.61%	13.50%
	不均衡系数	1.15	1.19	1.23
	最大断面（万人次/小时）	1.50	2.07	2.58
	最大断面区间	奥体中心站—镜湖中心站	奥体中心站—镜湖中心站	奥体中心站—镜湖中心站
	周转量（万人公里）	65.74	95.93	120.90
	平均运距（公里）	12.61	12.31	12.12

客流强度

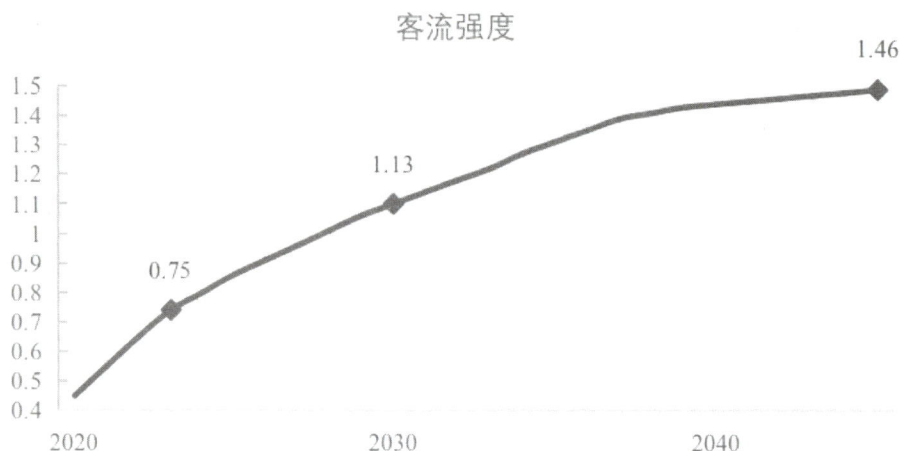

图 6-6　绍兴地铁 1 号线全日客流强度成长规律

4. 高峰小时系数随着开通年限逐渐降低

绍兴轨道交通 1 号线初期、近期、远期早高峰小时客流量分别为 6.51 万人次、9.77 万人次和 12.56 万人次，早高峰系数分别为 17.10%、17.07%、16.99%。一方面由于未来轨道交通的加入缩短了时空距离，各区域间联系逐步紧密，本走廊长距离通勤客流增长，高峰持续的时间更长；另一方面，城际间出行时间分布呈现全天较均衡的特征，通勤早晚高峰时段并非是城际间出行的高峰，未来该线承担的城际间出行比重进一步加大，全线早晚高峰系数还会进一步降低。因此，近期和远期高峰系数有所下降。

5. 早高峰时段绍兴至杭州方向交通量大于反方向，晚高峰时段则相反

初期早高峰方向不均衡系数（至杭州 / 至绍兴）为 1.15，近期、远期方向不均衡系数分别增加到 1.19 和 1.23。从数据不均衡系数增长规律看，早高峰时段绍兴至杭州方向的出行需求与相反方向的不均衡系数将有逐渐增长的趋势，说明随着 1 号线（含杭绍城际）全线开通，杭州区域中心的辐射进一步扩大，绍兴与杭州的时空距离进一步缩小，城际间出行需求的逐步增长，杭州对绍兴的吸引力加大。

二、站点乘降量

轨道线路站点乘降量与站点的区位条件、交通功能，以及与其他交通方式的衔接程度紧密相关。

绍兴城市轨道交通 1 号线初期、近期、远期全日、早高峰乘降量最大的站点均为镜湖中心站。远期镜湖中心站乘降量为 17.85 万人次 / 日，占全线乘降量的比例为 12.1%。早高峰为 3.27 万人次 / 小时，占全线乘降量的比例为 13.0%。初期、近期、远期乘降量较大的车站为镜湖中心站、笛扬路站、香樟路站、城市广场站。

绍兴市 1 号线预测站点初期乘降量如图 6-7、图 6-8、图 6-9 所示。

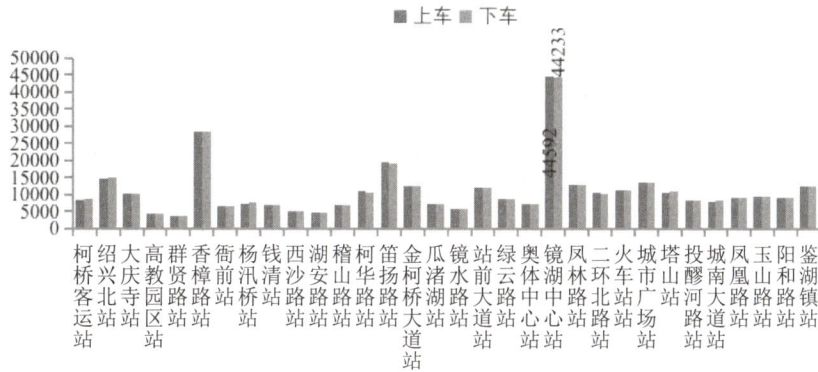

图 6-7　初期全日乘降量图

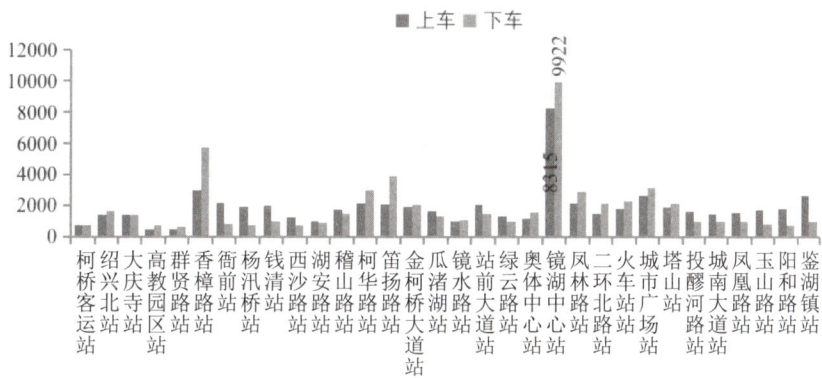

图 6-8　初期早高峰乘降量图

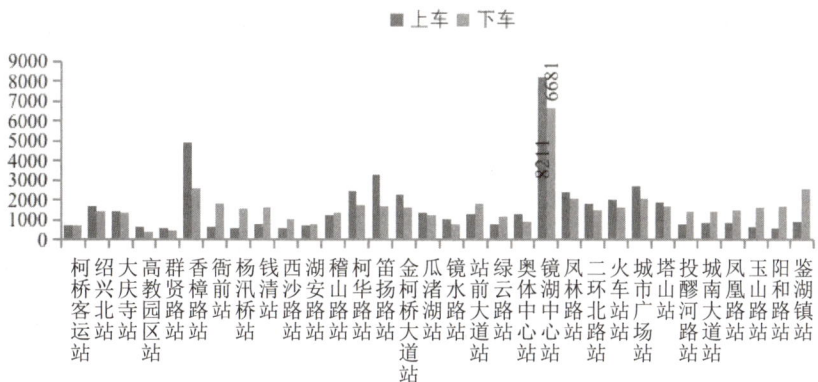

图 6-9　初期晚高峰乘降量图

三、早高峰客流断面特征

1. 早高峰时段断面客流基本呈"中间大，两头小"形状

从本线初期高峰小时断面形态看，基本呈现出"中间大，两头小"的形状。客流在柯华路站—城南大道站之间，客流较大，在镜湖新区（站前大道站—镜湖中心站）累计形成较大断面；柯华路站以西，城南大道站以南的站点客流较小。这主要是因为柯华路站—城南大道站之间为柯桥城区、镜湖新区、越城老城区的核心区域集聚了大量商业、岗位和部分居住小区，因此3个组团之间交换量大。柯华路站以西为柯桥的郊区，并因线路图衔接到杭州地铁5号线，有部分城际客流，但早晨总体出行量不大。

城南大道站以南为越城老城区南部居住区，但总体量级不大，且因主要为居住，早高峰时段往柯桥方向的客流一直处于集聚状态。1号线初期高峰站间断面客流量如图6-10所示，1号线早高峰断面流量如图6-11所示。

2. 1号线与支线、2号线之间的3个区间形成本线最大断面

1号线站前大道站（1号线主线和支线换乘站）、绿云路站、奥体中心站、镜湖中心站（1号线和2号线换乘站）4个站点的3个区间之间形成本线的大断面，最大断面出现在下行（越城→柯桥）方向镜湖中心站至奥体中心站区间。

上行方向，站前大道站为主线和支线的会合点，促使断面客流上升，初期由1.06万人，增加到1.40万人。绿云路站和奥体中心站接近镜湖湿地公园，受湿地保护影响，为单边客流。绿云路站周边规划部分住宅，奥体中心站周边为建成的体育中心，早高峰时段这两个站点的上下客流量不大，对断面影响较小。镜湖中心站为1、2号线换乘站，镜湖中心周边以商务办公用地为主，2号线东部衔接了绍兴的行政中心以及袍江经济开发区，而且袍江经济开发区居住人口及工作客流较大，因此1号线换乘2号线乘客较多。过镜湖中心站后，初期断面客流下降0.18万人。

下行方向，也是镜湖中心站（1、2号线换乘站）—站前大道站（1号线与支线换乘站）三个区间形成最大断面，断面量级较上行稍大。从断面变化看，初期2号线换乘1号线至柯桥方向的

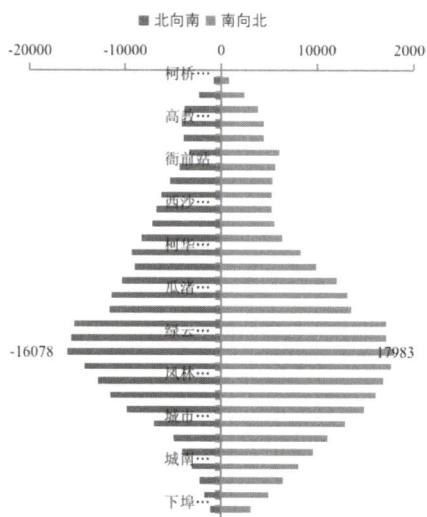

图 6-10　1号线初期早高峰站间断面客流量

图 6-11　1号线早高峰断面流量图

乘客不多。经过站前大道站后，主线断面下降较为明显，说明早晨由主线前往支线的乘客较多。初期断面由 1.50 万人下降至 1.16 万人，下降 0.34 万人。

3. 早高峰时段，断面客流分布不均衡，下行方向集聚性更强

从上行和下行早高峰断面形态看，基本分布均衡，断面量级相当。但是越城至柯桥方向早晨客流一直处于集聚状态，说明由越城老城区前往镜湖新区和柯桥城区的乘客较多。因越城老城区为历史古城，主要为低矮建筑，根据城市总体规划，采取的是古城保护、人口疏散的策略，城区南部有部分居住；而镜湖新区为绍兴的金融中心，柯桥城区设置有轻纺城等商业，岗位较多。因此，早高峰时段越城前往柯桥的人相对多。

4. 早高峰时段支线断面客流量级不大，主要前往北站

主线早高峰时段，支线初期高峰断面分别为 0.39 万人。均位于下行（鉴湖→柯桥）方向，站前大道站至高教园区站之间。从断面变化看，经过绍兴北站后，客流减小较多，说明早高峰时段由绍兴老城区前往绍兴北站的乘客较多。

四、晚高峰客流特征分析

1 号线初期晚高峰站间断面客流如图 6-12 所示，从初期晚高峰的断面客流可以看出，柯桥前往越城方向的乘客较多，回城现象明显。下行越城至柯桥方向，高峰断面客流较小。

晚高峰最大断面均出现在绿云路站至凤林路站之间，最大断面为 1.50 万人次。

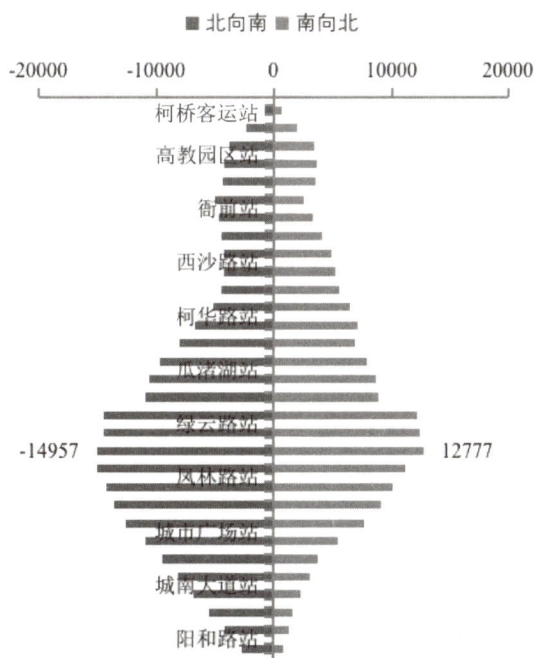

图 6-12　1 号线初期晚高峰站间断面客流

五、全日分时段客流规模及特征分析

图6-13为绍兴轨道交通1号线远期日客流量小时分布，从图中可知：早高峰出现在8：00—9：00，早高峰小时系数为16.99%；晚高峰出现在17：00—18：00，晚高峰小时系数为13.52%。与其他城市相比，高峰小时比较集中，高峰时段为1小时。

从图6-13还可以看出，本线平峰时段客流占比为4%左右，说明平峰出行的居民较少。

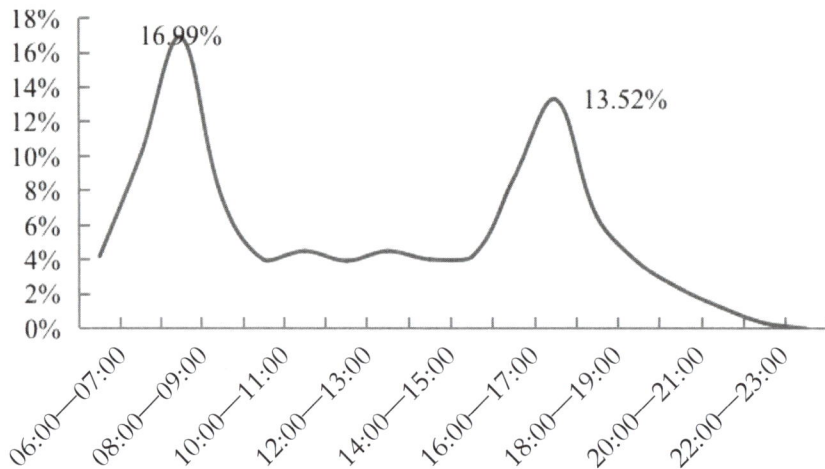

图6-13 绍兴轨道交通1号线远期日客流量小时分布

六、全日客流平均运距分析

1号线主线长44.5 km，初期全日平均运距为12.6 km。经计算，初期平均运距占线路总长的29.3%。按照线路平均站距（1.65 km）计算，远期，乘客平均乘坐7—8个车站，相对较多。说明此轨道线主要服务于中长距离出行（跨组团）的乘客。

1号线远期全日的乘距分级图，如图6-14所示。绍兴轨道交通1号线远期平均乘坐9—12 km的乘客最多，占全日客运量的23.6%；其次为平均乘坐12—15 km的乘客，其比例为全日客运量的22.9%。平均乘坐距离在18 km以内的乘客占整个客运量的比例高达89.7%。总体看，绍兴轨道交通1号线远期平均乘坐距离以18 km以内为主，也就是以市内出行为主。

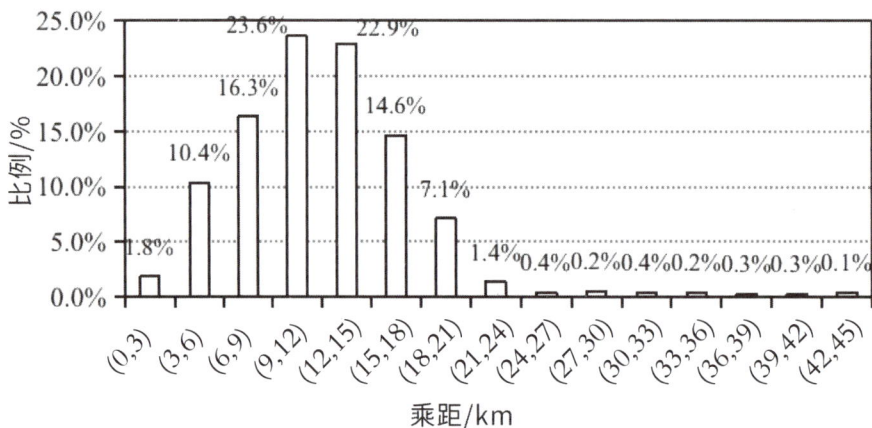

图6-14 1号线远期全日乘距分级图

七、超高峰系数

超高峰系数是指在高峰小时中某一时段可能出现的最大客流量扩大为一小时的交通量与高峰小时交通量之比，一般取值在 1.1—1.4。

超高峰系数一般跟站点周边的用地息息相关，周边土地的单一性往往会使站点短时间的客流比较集中，从而导致该站点超高峰系数较高。一般情况下，通勤客流的超高峰特征明显，因此，纯居住用地与办公用地产生和吸引的客流超高峰系数较高。绍兴城市轨道交通 1 号线部分车站超高峰小时系数预测，如表 6-3 所示。

表 6-3　1 号线部分车站超高峰小时系数预测

站　　名	超高峰系数	站　　名	超高峰系数
柯桥客运站	1.32	站前大道站	1.20
绍兴北站	1.38	奥体中心站	1.35
高教园区站	1.28	镜湖中心站	1.30
笛扬路站	1.31	城市广场站	1.30
金柯桥大道站	1.29	鉴湖镇站	1.23

八、客流敏感性分析

影响本线客流量级的因素较多，主要有城市经济发展及社会变化导致的人口、就业规模和分布变化；轨道交通站点覆盖范围内的土地利用性质，以及开发强度和建设速度导致的人口和就业岗位的规模与分布情况；城市交通发展政策，特别是公共交通发展政策和机动车发展政策；城市轨道网建设进程和完善程度；轨道交通票价和服务水平；本线路与其他轨道交通，以及与常规公交的接驳条件等。通过综合分析，1 号线客流敏感性分析及客流推荐值，如表 6-4 所示。

表 6-4　1 号线客流敏感性分析及客流推荐值

测试指标			初期	近期	远期
敏感性分析（全日客运量，单位：万人次）	轨道票价水平常规公交的竞争与协调	现有票价增加 25%	36.11	54.66	71.26
		现有票价减少 25%	39.42	58.79	75.55
		竞争性公交线全部删除，增加轨道交通接驳公交线	39.87	60.33	78.58
		竞争性公交线路全部保留	35.19	52.89	68.89
		与轨道交通换乘时间增加 2 分钟	37.18	55.81	71.78

续　表

测试指标			初期	近期	远期
线路发车间隔	增加1分钟		37.18	56.21	72.81
	增加2分钟		36.34	55.18	71.63
人口规模	减少10%		35.16	53.58	70.00
	增加10%		41.32	62.22	80.94
换乘时间变化	换乘时间减少1分钟		38.43	57.98	75.18
	换乘时间增加1分钟		36.95	55.29	70.89
	换乘时间增加2分钟		36.64	54.61	70.08
	换乘时间增加5分钟		35.58	53.00	67.78
推荐值域（单位：万人次）	全日客运量	上限	41.32	62.22	80.94
		下限	35.16	52.89	67.78
		推荐值	38.05	57.24	73.92
	早高峰小时单向最大断面流量	上限	1.96	2.92	3.47
		下限	1.58	2.39	2.71
		推荐值	1.80	2.58	3.17
	晚高峰小时单向最大断面流量	上限	1.63	2.34	2.83
		下限	1.31	1.92	2.21
		推荐值	1.50	2.07	2.58

综合上述客流预测分析，绍兴1号线是一个大运量的城市轨道交通系统，主要服务于中长距离出行（跨组团）的乘客，而且乘客对舒适性要求较高。高峰时段向心客流特征明显，主要服务于城市内部，以市内通勤客流为主。

【复习与思考】

1. 一日内小时客流分布类型有哪些？

2. 影响城市轨道交通车站客运量的因素有哪些？

3. 说明车站客流分布的类型与特点。

4. 说明车站每小时的进出站客流类型及其特点。

5. 绍兴地铁1号线的客流特点有哪些？

项目七
城市轨道交通车站客流组织

【引言】

人生就像一个大舞台，每个人都扮演着不同的角色。也许我们从事的是很平凡、很普通的职业，也许我们就是一个跑龙套的小演员，但请记住：小演员身上也能闪出巨大的光彩，这完全取决于我们自己的心态。心有多大，舞台就有多大。

【学习目标】

1. 了解周五车站客流组织工作的基本要求与原则。

2. 了解并掌握车站客流组织中日常客流组织的方法与要求。

3. 了解并掌握车站大客流组织的方法与要求。

4. 学会并掌握突发事件客流组织的流程。

【知识加油站】

营口道站是某地铁 1、3 号线换乘站，属于非设备集中站，为侧式站台车站；该站是线网最大的客流集散点，周围有大型商场、购物中心、步行街、餐饮业、影院、教堂、公交换乘站等。该站经常会不定期地遇到大客流。为保证乘客安全和正常运营秩序，该车站应备有完善的客流组织方案。每年平安夜，从 16：30 开始，营口道车站出现大客流，各方向客流都聚集到营口道站下车，出站客流激增，客流量达到平日同时段的 2 倍多。营口道站应启动怎样的大客流组织措施？

到平安夜当天 24：00 后，大量乘客涌进营口道站，此时进站客流远远多于出站客流。营口道站应如何变更大客流组织措施？

任务一　车站客流组织概述

客运组织是通过合理布置客运有关设备、设施以及对客流采取有效的分流或引导措施来组织客流运送的过程。

地铁车站客运组织工作是地铁运营生产的重要组成部分。不同的车站其客流组织的内容有着较大的区别：中小车站的客流组织比较简单，而大车站、换乘站因客流较大、客流方向比较复杂，其客流组织也比较复杂；侧式站台的车站相对于岛式站台的车站的优点是容易将不同方向的客流分开，但不利于乘客的换乘，售检票设置较分散，不利于车站的管理。

车站客流组织的核心是流线的设计。所谓乘客流线，是指车站内乘客的流动过程和流动路线。按流动方向不同乘客流线分为进站、出站以及中转换乘三大乘客流线；按性质不同又可分为普通乘客流线和特殊乘客流线。

一、车站客流组织工作的要求

客运组织工作的核心是保证客流运送的安全，保持客流运送过程的畅通，减少拥挤及保证大客流发生时及时疏散。要确保车站客流组织工作安全顺利开展，车站客流组织工作必须达到以下要求。

1. 安全准时。保证乘客进站、出站和乘车的安全，确保列车按列车运行图规定的时间运行。

2. 方便迅速。车站内部各导向标志清晰准确，售检票设备操作方便，确保乘客能快捷到达目的地。

3. 热情周到。城市轨道交通车站客运服务人员要耐心正确地解答乘客询问，主动热情地为乘客服务。

二、车站客流组织工作的原则

为了保障车站客流组织工作的顺利开展，车站客流组织工作的原则是：首先，为了避免各种流线相互交叉干扰，最大限度地缩短乘客行走距离，必须避免出现流线迂回；其次，是要完善车站内外乘客导向系统的设置，使乘客快速分流，减少客流聚集和过分拥挤的现象；最后，为了满足换乘客流方便、安全、舒适的基本要求，要让乘客出站后能够顺利地换乘其他交通工具。为达到这个目的，城市轨道交通客流组织常采用的疏解方式有平面上错开流线和空间错开流线两种。

任务二　车站客流组织

客流量及客流性质反映了乘客的出行需求，是确定轨道交通运输能力的基础。通过对一段时间内客流数据的研究分析，根据客流高峰出现的时间、方向等，总结客流变化规律，合理编制列车运行计划，依据全日分时最大断面客流量和乘客服务水平的要求来确定详细的运能安排，使运输能力供给尽量满足运输需求。

车站客流组织内容有日常客流组织、大客流组织、突发客流组织以及车站换乘客流组织等。

一、日常客流流线

在地铁车站内，各类出行人员的集散活动产生了一定的流动过程和流动线路，我们通常称之为客流流线。城市轨道交通日常客流随着客流地区交通网络、时间上分布的不均衡性而有所不同，但每天进出车站的客流流线基本保持不变，乘客在地铁车站出行的方式、目的地等的不同，会形成不同形式的地铁客流流线。

1. 进站乘客流线

进站乘客的流线一般有通过站厅直接上车的乘客流线和进入站厅后需要咨询、换零进行自助购票上车的乘客流线两种。进站乘客流线如图7-1所示。

图 7-1　进站乘客流线

2. 出站乘客流线

出站乘客流线相对而言一般比较简单，一般是站台下车后通过电扶梯、楼梯等出站通道检票出站，出站乘客流线如图7-2所示。当然，个别购票上车乘客、持一卡通乘客可能会由于需要补票而产生新的客流流线，但这类乘客数量一般不会太多，产生的客流流线基本不会影响其他乘客的出行。

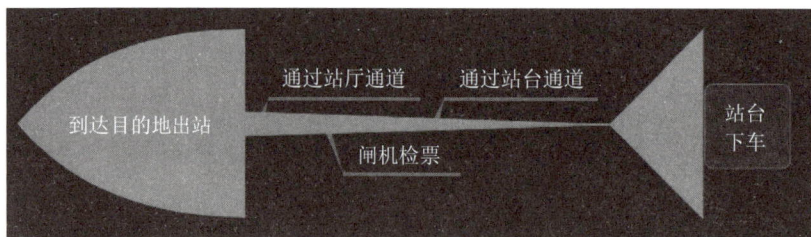

图 7-2　出站乘客流线

3. 中转乘客流线

在一些换乘站和枢纽站，会有一些乘客需要中转乘车出行的，就会形成中转客流线，如图 7-3 所示。

图 7-3　中转乘客流线

二、车站进出站口客流组织

地铁作为一个大容量的快速运输系统，主要通过合理的、科学的客流组织来完成其大容量的客运任务。客流组织是通过合理布置客运相关设备、设施，以及对客流采取有效的分流或引导措施，来组织客流运送的过程。

1. 车站客流组织基本原则

（1）实现乘客安全运输为根本原则，保持客流运送过程通畅，尽量减少乘客出行时间成本，避免拥挤，便于大客流发生时能及时疏散。

（2）既要考虑如何吸引乘客乘坐地铁，使客流量最大，又要使客运服务成本最低，并取得最佳的经济效益。

（3）地铁控制中心负责地铁线路的客流组织工作，车站的客流组织由客运值班员负责。

（4）在大客流的情况下，应合理地采取措施对车站人流进行有效控制。人流控制应采取由内至外、由下至上的原则，在车站出入口、入闸机处进行人流的两级控制。

（5）如果站台乘客数量大于站台容积能力，必须进行入闸机控制点的客流控制，控制乘客下站台的数量。

（6）如果站台乘客数量大于站台容积能力，站厅乘客大于站厅容积能力，就必须对出入口控制点进行控制，临时限制或者不允许乘客进站。

项目七 城市轨道交通车站客流组织

2. 车站客流组织方法

针对车站日常发生的几种情况，针对不同情况下车站的客流组织方法有所不同，具体客流组织方法如下。

（1）天气异常时出入口的客流组织。

①车站出入口的组织应结合实际的客流状况，当车站设施能够满足客流需求时，采用正常的组织方法。

②对于经过通道与站厅连接的出入口，当客流较大时，可在通道内进行排队组织，当客流过大时，需在出入口外进行限流组织。

③对于与商场、单位连接的出入口，应考虑客流组成和出行特征。当客流较大时，应按照与相关单位共同制定的措施进行客流组织。

（2）天气异常时车站站务人员的工作职责。

①站务人员要经常巡视出入口，观察天气状况。

②遇雨雪天气在出入口铺设防滑设施，并及时清理站内湿滑地面，避免乘客摔伤。

③雨天要加强巡查排水沟并及时清理，以免淤塞。

④加强出入口处的宣传疏导，提高乘客出站速度，并提示乘客防止滑倒。

⑤地面线及高架线车站要密切关注车站建筑设施漏雨情况，采取有效措施进行控制并向乘客做好宣传解释工作，保证乘客安全。

三、进站客流组织

1. 组织引导客流经出入口、楼梯、自动扶梯（或垂直电梯），通过通道进入车站站厅层非付费区。

2. 组织引导部分乘客在自动售票机、客服中心或临时票亭购票后检票通过进站闸机进入付费区，引导部分持储值票或次票、周票、一卡通、手机电子卡等不用购票的乘客直接检票通过进站闸机进入付费区。

3. 乘客入闸检票或人工检票进入站厅付费区后，组织引导乘客再通过楼梯、自动扶梯（或垂直电梯）进入站台层候车。

4. 乘客到达站台，应组织引导乘客站在黄线外候车，通过导向标识和乘客资讯系统选择乘车方向和了解列车到发时刻；对于没有安全门的车站，应宣传"请站在黄色安全线以外候车，不要探身瞭望，以免发生危险"。

5. 当列车进站时，应关注乘客安全。有安全门的车站，要防止乘客倚靠或手扶安全门，避免安全门开启时乘客被夹伤或摔倒。

6. 列车到站停稳开门后，引导乘客按先下后上的顺序乘车。请候车乘客站在车门两侧，待下车乘客下车后，再上车，避免乘客拥堵，提高乘降效率。

131

7. 当关门提示铃响后，应阻止乘客抢上抢下，请其等待下次列车，防止车门夹伤乘客和影响列车正点发车。

8. 当车门关闭后，要观察车门关闭状况。当发现车门或安全门未正常关闭时，若由于乘客或物品被车门夹住，应协助取出并劝导乘客等候下次列车或征求乘客同意后帮其完全进入车厢；若为设备原因，应按相关作业办理程序进行处置。

9. 对于楼梯边缘与站台边缘较近的地方，应尽量疏导乘客不要滞留，保证足够的通行空间，防止拥挤，出现意外。

10. 加强对站台四角的巡视，防止乘客进入区间。

11. 乘客物品掉入道床，要阻止乘客跳下站台捡拾物品，及时使用工具为乘客提供拾捡服务。

四、出站客流组织

1. 乘客下车后到达车站站台，组织引导其经楼梯、自动扶梯（或垂直电梯）进入站厅层付费区。

2. 通过出站闸机（单程票出闸时将被收回）或人工验票，进入站厅层非付费区后，组织引导乘客（通过导向标志）找到相应的出入口，经通道、出入口出站。

3. 组织引导车票车资不足（无效车票）或无票乘车的乘客到客服中心办理相关乘客事务处理后，方可出站。

五、换乘客流组织

1. 换乘区域

按照换乘的地点，客流换乘主要分为付费区换乘和非付费区换乘两种。

2. 换乘方式

（1）站台直接换乘客流组织。站台换乘有两种方式，同站台换乘和上下层站台换乘。

（2）站厅换乘客流组织。站厅换乘是指乘客由一个站台通过楼梯或自动扶梯到达另一个车站的站厅或两站共用站厅，再通过站厅前往另一站台乘车的换乘方式。

（3）通道换乘客流组织。通道换乘是指在两个或几个单独设置的车站之间设置联络通道等换乘设施，方便乘客完成换乘的方式。通道可直接连接两个站台，这种方式换乘距离较近，换乘时间较短；通道还可连接两个站厅收费区，换乘距离相对较远，换乘时间较长。

（4）站外换乘客流组织。站外换乘是指乘客在车站付费区以外进行换乘。

（5）高峰时段客流换乘组织。因日常城轨客流一日内高峰期相对固定，而且方向性比较强，早高峰主要流向为市中心区方向，晚高峰主要流向则相反。

（6）组合式换乘客流组织。组合式换乘就是根据车站轨道线路设置情况和站外交通线路的实际情况，把以上几种换乘方式根据实际情况进行组合换乘的方式。

任务三 大客流组织

由于地铁车站的分布一般都靠近人员活动密集的区域，所以在某些特定的时间点上，会产生突发性的客流增长。大客流就是指车站在某一时段集中到达的，客流量超过车站正常客运设施或客运组织措施所能承担的客流量时的客流。

大客流一般在大型文体活动散场时、重要枢纽节假日期间发生。主要表现为：非常拥挤或极度拥挤、乘客流动速度明显减缓、客流交叉干扰严重等，因此大客流对乘客的出行造成了不利影响，对运营安全造成了较大威胁。

一、大客流的分类及特点

1. 根据大客流产生的影响和后果不同，大客流可分为一级大客流和二级大客流

（1）一级大客流

判定标准：各车站根据本站的正常乘客数量进行比较，站台聚集人数达到或大于站台有效区域的80%，并且持续时间大于实际行车间隔时间。

在这种情况下，已经给乘客及轨道运营安全造成影响，存在明显的安全隐患。

（2）二级大客流

判定标准：各车站根据本站的正常乘客数量进行比较，站台聚集人数达到站台有效区域的70%，并有持续不断上升的趋势。

2. 按照客流的时效性可分为可预见性大客流和不可预见性大客流两大类

（1）可预见性大客流

①早晚上下班高峰时段引发的车站大客流，具有一定的规律，其持续时间及客流量因不同城市有所区别，离住宅、办公、商业区较近的车站会在上下班时段客流量大幅增加。

②节假日大客流，主要指在国家法定的元旦、春节、清明节、劳动节、端午节、中秋节、国庆节期间市民出行及游客旅游等造成全线各站客流普遍大幅上升；国庆节是旅游、购物黄金周，大批游客的到来以及市民在节假日期间出行购物、休闲等会使地铁的客流量大幅增加，特别是商业区或旅游景点附近的车站，客流的冲击会很大；春节前后大批外地务工人员返乡，将对铁路客运站和长途汽车站附近的地铁车站造成较大冲击，但春节期间的客流会相对稳定，不会有太大影响；劳动节、元旦、清明节、端午节、中秋节等节日的假期短，游客不会对地铁的客流变化产生较大影响，但市民出行、购物会给商业区附近的车站带来较大客流，同时其他车站的客流量也会比平时有所增加。

③大型活动大客流，主要指在地铁沿线附近举行的大型活动结束后，大量乘客在较短时间内涌入地铁车站乘车，造成车站客流量迅速增加；地铁车站周边如有体育场、展览馆等，大型活动结束后，在短时间内会有大批乘客涌入地铁站，给车站造成很大压力。此类活动多在周末举行，所产生的大客流的时间、规模等特点可以预见，其影响范围较小，通常对该活动地点附近的车站影响较大。

④恶劣天气大客流，主要指由于大雨、雪等恶劣天气对地面交通造成影响，使较多的市民乘坐地铁或进入地铁车站避雨雪，造成地铁各个车站客流量增加。当出现大雨、雪等恶劣天气的时候，地面交通受到较大影响，很多市民会改乘地铁，造成车站客流量普遍增大。此类客流对车站的冲击不会太大，但列车会比较拥挤，乘客上下车比较困难。

（2）不可预见性大客流

①车站周边临时组织的大型活动。

②天气突变，如发生雷阵雨、台风等。

③地铁发生紧急事件，如地铁车站发生火灾、大面积停电、列车延误等事故。

不可预见性大客流的规模、时间长短等事前无法预测，没有一定的规律，车站客流量在短时间内会急剧增加。对此，车站工作人员需迅速报告、灵活处理，并启动相关应急预案。

二、大客流的组织

考虑客流组织的各种影响因素，对于可预见性的大客流，车站的运营组织措施主要有：提前对大客流进行预测，增加运能，加强车站客流组织、票务组织等。对于不可预见性的大客流，车站需启动突发大客流应急预案，根据提前编制好的应急预案进行客流组织。

对于可预见性大客流的分类及特点，可提前进行预测，根据预测的客流量大小制定相应的客流组织方案。早晚上下班高峰时段的大客流可通过搜集历史数据，总结规律，得出在上下班高峰时段的客流量。节假日的客流量可根据历史客流量统计数据，得出客流增长经验系数来预测。地铁沿线举行重大活动时，需要提前了解活动举办的规模、参加的人数及持续的时间等信息。对于恶劣天气引起的大客流，可以通过居民出行调查，获得其他常规道路交通方式转移到城市轨道交通方式的客流量。大客流控制的主要做法如下。

1. 合理地制定控制原则

（1）"由下至上、由内至外"的客流控制原则。在车站出入口、进站闸机、站厅与站台的楼梯、电扶梯处进行重点控制进站客流，组织乘客上车，保证客流均匀上下扶梯和尽快上下列车，保证站台候车的安全。

（2）明确客流控制组织机构分工原则。客流控制组织机构可分为点控和线控。控制指挥中心负责地铁全线的客流控制，车站站长或值班站长负责本站的客流控制。

（3）坚持集中领导、统一指挥的原则。车站在实施大客流控制之前，应向行调报告。

2. 大客流控制的具体措施（三级人潮控制）

（1）首先，控制站台客流，控制点在站厅与站台的楼梯（或自动扶梯）口。

（2）其次，控制付费区客流，控制点在进站闸机处。

（3）最后，控制非付费区客流，控制点在车站出入口处。

3. 大客流组织办法

（1）增加列车运能。根据预测大客流所发生的车站、时间、方向等信息，编制大客流的列车运行图；在大客流发生之前，利用就近的折返线、存车线增加备用列车，组织列车运行，以提高大客流的疏散效率。

（2）提前组织好充足的引导员和应急人员，并对引导员和应急人员进行服务、安全及票务方面的培训和跟岗学习，以便当大客流到来时，这些引导人员及应急人员可以熟练地进行乘客的疏导。

（3）在站厅、站台层采取临时疏导措施，设置临时导向标牌、警戒绳、铁马、导流栏杆等，采用人工引导以及通过广播引导的方式疏导客流。另外也可在出入口外设置导流栏杆，减缓乘客进站的速度。

（4）值班站长应及时报告行调，行调通过监控系统加强对车站客流情况的监控。

（5）预制票的制作。车站提前申报应对大客流的预制票，中央 AFC（自动售检票）系统提前根据车站需要在单程票内写入设定的金额和起始站名，由车站票务中心或临时增加的票亭售出，以满足大客流时的需要。

（6）临时售票亭的准备。车站根据大客流的进出方向，选择在进站客流集中的位置，设置临时售票亭。站厅面积较小的车站，可将临时售票亭设置在进站客流较多的通道内，但临时售票亭的位置不能影响客流的组织流线。

（7）增加备用金。大客流来临之前，车站应根据客流预测和以往大客流所消耗的备用金，申领和储备充足的备用金。

（8）调整售检票的速度。在大客流发生初期，站台客流压力不大时，除 TVM 正常发售单程票外，可在票务中心及临时售票亭增加发售预制票或应急纸票。当站台发生拥挤时，车站应采取关闭部分自动售票机、进站闸机的措施，以减慢乘客购票进站速度，控制进站客流，或在某些出入口实行单向疏导方式，缓解站内客流压力。

（9）票务应急处理。如果大客流持续时间较长，TVM 发售单程票及预制票无法满足需求时，可使用应急纸票应对大客流。另外，在安排好 AFC 日常检修基础上，部分大客流站要有 AFC 人员驻站，以确保 AFC 设备的正常工作；特殊情况下，可采取 AFC 的非正常运营模式，即进出站免检模式、列车故障模式、时间免检模式、紧急放行模式等。

（10）增设应急抢险点。在大客流时，可在地铁沿线增加临时应急抢险点，增派专业抢险人员驻守，力争在最短时间内排除故障；另外可安排车辆专业检修人员跟车进行"保驾护航"，以确保满足大客流疏散的运能。

（11）当车站遭遇特大客流时，应遵循由下至上、由内至外的人潮控制原则。采取站台客流控制、站厅付费区客流控制、出入口（站厅非付费区）客流控制3级客流控制方法。

①一级控制分批下站台：当站台乘客较多，候车的空间已到达扶梯、楼梯口时，要控制站厅进闸的乘客，分批组织站厅乘客进入站台，即实施第一级客流控制，控制点在站厅与站台的楼梯（或电扶梯）口。

②二级控制分批进闸：当实施第一级客流控制仍未能缓解站台乘客拥挤的情况，乘客聚集在站台无法上车，站台候车乘客已超过最大容量时，分批组织乘客进闸，即实施第二级客流控制，控制点在入闸机处。

③三级控制分批进站：当车站客流出现拥挤无法用前两种方法缓解时，在出入口分批放行乘客进站，即实施第三级客流控制，控制点在车站出入口处。

（12）站台保安应密切注意站台和列车情况，一旦发生列车上乘客拥挤，乘客上车有困难，车站要马上向控制指挥中心请求加开列车。

（13）列车司机发现有乘客上不了车或影响车门、屏蔽门关闭时，应及时报告行调，并做好广播引导乘客，车站人员迅速与司机共同处理。

（14）在大客流组织中，临时合理的疏导是一项很重要的组织措施。主要包括车站出入口、站厅层的疏导，电动扶梯以及站台层的疏导。

4. 大客流进站客流组织

（1）当站台还能容纳和承受更大客流时，可以通过增加售检票能力、加开进站方向的闸机、加开通往站台方向的扶手电梯、适当延长列车停站时间等方式来缓解大客流带来的压力。

（2）当站台不能容纳和承受更大客流时，则需要暂停或减缓售票速度，关闭部分自动售票机；暂时关闭局部或全部进站方向闸机；更改扶手电梯方向，将部分或全部扶手电梯调整为向站厅层及出入口方向运行，延缓乘客进站速度；采取进出分流导向措施，将部分出入口设置成只能出不能进，限制乘客进入，延长站台层大客流的疏散时间等方法来缓解大客流带来的压力。

5. 大客流出站客流组织

出站客流组织工作的指导思想是保证乘客出站线路的畅通，加快出站速度，使其安全、快速、有序地离开车站。站务人员可采取以下措施。

（1）更改扶手电梯方向，将部分或全部扶手电梯方向调整为向站厅层及出口方向运行。

（2）将部分或全部进站闸机更改为出站闸机。

（3）紧急情况时，可采取票务应急处理模式。如采用出站免检模式、AFC紧急放行模式等。

【复习与思考】

1. 车站大客流的分类及特点。

2. 车站大客流组织原则与措施有哪些?

3. 车站大客流组织办法。

4. 车站大客流进站组织方法。

5. 车站大客流出站组织方法。

项目八
车站突发客伤事故应急处置

【引言】

责任往往和成功相伴而来，你能够承担起责任范围之外的责任，公司自然会给予你工作之外的报酬，而你的信誉度——这种无法估量的资产，更会给你带来意想不到的收获。永远拘泥于自己工作的小圈子里，就永远也跨不进成功的大圈子中。

【学习目标与要求】

1. 掌握车站突发事件的处理原则及报告程序。

2. 了解车站各种突发事件的应急处理流程。

3. 明确车站员工在应急处理中的岗位职责及作业程序。

4. 掌握车站客运伤亡事故的处理办法。

5. 培养学生团队协作、与人交流的社会能力，培养一丝不苟、职责分明的工匠精神。

6. 提高学生自我学习、信息处理、数字应用、解决问题等方法能力。

【知识加油站】

2009年8月23日晚6时许，腿部有残疾的岩女士在上海地铁锦江乐园站乘坐轨道交通1号线，列车在从锦江乐园站至上海南站期间，列车司机突然刹车，导致岩女士摔倒在地，后由其他乘客搀扶到座位上。当列车行驶至新闸路站时，该站工作人员接到前方工作人员消息，将岩女士送到长征医院。经医院治疗，9月21日岩女士恢复出院，共住院29天。作为城市轨道交通客运人员，碰到类似事件发生，该如何处置？学习了本项目之后，假如你是车站负责人，请你给出该事件的处置方法。

任务一　车站客伤事故基本概述

所谓地铁客伤，实际上指的是在地铁车辆行驶环节或者在地铁通道、站厅、出入口及站台等位置包括非在岗工作人员在内的乘客伤亡事故。地铁客伤除了会损害地铁企业社会服务形象和运营秩序外，还会带来巨大的经济损失。

为了城轨车站客运伤（亡）事件（以下简称客伤）得到及时、快速、妥善的处置，尽快恢复正常运行，维护企业及乘客的合法权益，城轨运营企业应制定有关处理规定。作为城轨客运服务人员，应当及时认真学习。

一、车站客伤事故分类

1. 按客运伤亡程度分

（1）轻伤：伤害程度不及重伤者。

（2）重伤：肢体残废、容貌损毁，视觉、听觉丧失及器官功能丧失。具体参照司法部颁发的《人体重伤鉴定标准》。

（3）死亡。

2. 按客运伤亡等级分

（1）轻伤事件：是指只有轻伤没有重伤和死亡的事件。

（2）重伤事件：是指有重伤没有死亡的事件。

（3）一般伤亡事件：是指一次造成死亡 1 人至 2 人的事件。

（4）重大伤亡事件：是指一次造成死亡 3 人至 9 人的事件。

（5）特大伤亡事件：是指一次造成死亡 10 人至 29 人的事件。

（6）特别重大伤亡事件：是指一次造成死亡 30 人及以上的事件。

二、客伤事件处理原则

车站在处理客伤事件时，要以维护轨道交通企业形象、保护轨道交通企业最大利益为原则，以人为本，给予乘客以必要的帮助。

车站在处理客伤事件时要第一时间进行取证，尽可能得到旁证及当事人签字确认。以事实为依据，客观记录，充分留下原始资料。

车站要及时将（前期）处理结果报告相关部门，以备后续处理。

三、客伤事件处理程序及注意事项

1. 接待

（1）真诚待人。热情接待，了解客伤程度，做简易处理（包扎等）。

（2）适时安抚。理解乘客心情，语言温和，做好安抚解释。

注意事项：

①发生在其他车站或异地（车辆）应接待。

②是否需治疗应根据本人需求，如伤（病）者伤（病）势很严重，不及时救治可能会有生命危险，车站应及时致电120急救中心。原则是先治疗，费用暂时由乘客支付，待乘客治疗痊愈后，再根据实情本着实事求是的原则由双方协商解决。

2. 了解

（1）听取自述。事发时间、地点（计费区内或外，有票或无票）、原因、现场处理。

（2）实地了解。事发地点、现场工作人员掌握情况、现场初始处理状况。

注意事项：

①如现场已无法调查、取证，应根据伤害的现象及程度证实情况。

②做好记录，汇报上级领导。

3. 取证

乘客本人笔录材料，现场工作人员笔录材料，车站调查笔录材料。

注意事项：

①要求本人提供材料时，应观察伤害程度掌握在治疗前或后做笔录，避免耽误时间影响治疗。

②乘客不能自己写时，由车站站长代笔书写，乘客亲笔签字。

4. 判断

（1）范围：车站所管辖的地铁运营区域，包括出入口、自动扶梯、地下通道等。

（2）责任划分：地铁、本人、其他三类。

5. 处理

（1）了解乘客治疗过程，要求乘客提供医疗部门诊断的病史卡及单据、拍片资料，目前伤愈状况（无须再治疗）。

（2）审核病症

①查看病历卡，证实病史与治疗过程，记载与乘客反映是否相应。

②审核单据：凭证姓名与本人相符，单据与病历卡记载的治疗日期相符，用药合理恰当，统计金额、核对大小写。

（3）听取乘客提供的处理要求，有根有据。

（4）分析事发原因：按《轨道交通管理条例》进行解释和宣传工作，包括车站所具备的各类防范措施，如乘客须知、警示牌、警示标志，车站及车厢内广播。

（5）听取乘客意见。了解是否存在由于地铁服务工作未尽责而引起的客伤情况。

（6）根据事发的性质掌握应归入哪一类，了解乘客的具体状况（在职、经济、户口所在地医保）。有针对性地提出处理意见与乘客协商，取得相互谅解，达成共识。

（7）本着通过与乘客协商解决问题的态度与乘客分析，对不同的情况在协商的同时区别对待。

（8）签订事故处理协议。

注意事项：

①避免谈论有关责任归属问题，不讲有损轨道交通形象的话，要有轨道交通一盘棋的意识。

②了解掌握医保政策，统计治疗费用应根据付费项目确定实际支付金额。

③收取经统计的全部有价凭证及医疗部门诊断的有关凭证。

④协商未成，意见有分歧可以再次协商，或采取缩小分歧的办法。考虑轨道交通声誉不宜激化矛盾，扩大事态。

6. 汇总资料

（1）当事人自写或代笔材料（当事人签字）。

（2）当事人身份证复印件，如委托代理需另附代理人身份证复印件。

（3）车站调查证实情况材料。

（4）门急诊药费专用收据联，必要的拍片结论书。

（5）事故处理协议书及领款书。

（6）客伤事故报告表。

四、客伤处理的职责分工

1. 列车司机

必要时立即停车，及时汇报行调；配合车站确认伤（亡）者位置及伤亡情况；向值班站长报告伤（亡）者位置，尽可能配合现场勘查人员前期调查和证据收集；接受值班站长动车指令，并及时将信息传递至行车调度员。

2. 行车值班员

汇报行车调度员、值班站长、站长；联系120、110，及时协调抢救伤员；调整摄像头，监控摄录救助处理画面，确保取证及时；督促、提醒站务员及时确认伤（亡）者位置及伤亡情况；与事发现场保持双向沟通，密切注意运营情况，确保行车安全；加强各类人工广播，做好运营恢复的准备工作。

3. 值班站长

立即携带应急物品赶至现场；督促有关人员寻找并挽留目击证人；对事发现场、人员进行拍照，必要时录音取证；组织工作人员抢救伤员或清理尸体及遗留物等。

4. 站务员（站台岗）

立即按压站台紧急关闭按钮；及时确认伤（亡）者位置及伤亡情况；做好伤者的抢救、尸体的位移、接送及遗留物的收集工作；主动、迅速地寻找并挽留目击证人；维持好站台秩序，做好乘客的解释工作，劝阻乘客围观，确保站台安全。

5. 站务员（售检票岗）

服从安排，对影响正常行车的情况，在接到上级部门通知时，做好相应的停止售票或退票工作；坚守岗位，做好乘客的解释工作。

任务二　客伤的现场处理方法

站务员在日常客运服务工作中，可能会遇到各种客伤事件。为了使站务员能沉着应对，我们列出了常见类型的客伤处理办法，通过学习和分析，提高站务员的临场应变能力和业务素质，从而提高城轨的整体服务水平。

一、自动扶梯伤亡事故处理

1. 值班站长接到事故报告后，迅速组织人员赶赴现场。

2. 如事故情况较为严重须临时关闭自动扶梯的，要立即启动紧急停机装置。其间要做好对正在乘坐扶梯人员的提醒工作。关闭扶梯后，要封锁扶梯的上下两端，并对乘客做出"该扶梯停止使用"的文字说明。

3. 挽留目击者，了解事故概况并做好记录，同时保留目击者的个人资料（姓名、住址、单位、联系方式等）。

4. 对受害人员进行紧急救治。如果伤者伤势较轻且车站有能力救护，将伤者带离事故现场进行解决。否则，立即拨打"120"，在至少有一名车站员工陪同的前提下，前往指定医院进行救治。

5. 如受害人员已经死亡，应向驻站警务人员报告，并协助进行处理。处理过程中，要对事故现场进行隔离，疏散围观群众，维护正常的运营秩序。

6. 事故处理完毕后，要尽快清理事故现场并对自动扶梯进行相应检查。待其性能良好后立即恢复正常运行。

二、坠物伤亡事故处理注意点

1. 圈定并隔离事故现场，采取必要措施，防止其他坠物坠落。

2. 事故处理过程中，要安排站务人员做好事故现场附近的客流组织工作，避免发生乘客骚乱。对于封锁的行人通道，要有明显的指示标志或说明。必要情况下，启用人工广播进行乘客引导。

3. 如事故的处理涉及技术设备、设施的，要立即通知综合办公室或直接通知外委单位维修人员，以上人员接到事故报告后，迅速安排相关技术人员前往事故现场进行处理。

三、乘客乘降意外的处理

1. 司机发现意外，应立即开启车门。站务员或其他人员发现意外，应立即通知电客车司机或按动站台紧急停车按钮。

2.乘客脱险后，站务员检查车门处情况：

（1）确认车门无任何安全隐患后，通知司机正常启动运行；

（2）如需延长停车时间进行处理，司机要向行车调度员报告并做好对列车乘客的广播；

（3）处理完毕及车门无任何安全隐患后，在征得行车调度员的同意后，立即恢复正常运行。

3.如果意外对乘客造成伤害，站务员应视伤害情况做如下处理。

（1）惊吓或轻微伤害：应安抚乘客情绪，对乘客讲明安全候车注意事项。如为车站原因，要向乘客致歉；

（2）较轻伤害：应将乘客带离现场进行救治；

（3）较重伤害或死亡：应立即通知120急救中心、值班站长和驻站警务人员，在值班站长组织下，迅速抢救伤者。同时协助警方进行调查和处理。

四、乘客打架处理程序

1.站务员发现乘客打架事件，应第一时间立即用无线对讲机报告站长，站务员进行适当的劝解。

2.值班站长应通知客运值班员及警务人员到达现场。

3.车站人员与警务人员一起把乘客（双方）劝开，客运值班员疏导围观乘客，站务员继续组织乘降、巡视站台等。

4.客运值班员负责寻找证人与打架肇事者，并交警务人员处理。若打架肇事者没有受伤，由警务人员做说服教育；若打架肇事者受轻伤，由警务人员看伤势解决，车站可提供简单的医疗帮助；若打架肇事者受伤较严重，警务人员送其到医院治疗，医疗费用由本人承担。

5.客运值班员到站厅维持秩序，在有必要的情况下请示站长将AFC做降级模式处理，放慢闸机的速度，控制客流，以免造成乘客滞留。

6.值班站长协助站务员组织乘降，注意客流变化，必要时疏散乘客。

五、列车客运伤亡事故处理程序

1.乘客通过列车内"通话机"把乘客受伤或病倒的情况告知司机。

2.司机接到通知后，询问伤病乘客的所在列车车厢，并简单了解一下情况，然后通知行调，行调通知即将到达的车站行车值班员做好接应准备。

3.行车值班员接到通知后，通知值班站长，并说明伤病乘客所在列车车厢和伤亡情况。

4.值班站长接到通知后，通知警务人员一起到达现场处理，并通知客运值班员去设备室拿担架，到达站台。

5.站台岗站务员维持站台客流秩序，将担架周围的乘客疏散，组织好客流，以免造成乘客聚集围观，妨碍救人。

6. 警务人员和值班站长将伤病乘客从车厢里抬到担架上然后做急救工作，等待120急救人员的到来。

7. 急救人员到达车站后，从特殊口通过闸机进入付费区至站台，将伤病乘客用担架抬到车站外的救护车上，此时客运值班员护送急救人员直到车站外的救护车上。

8. 伤病乘客被抬走后，值班站长通知保洁人员清理现场，通知站台岗站务员组织好站台客流，并疏散围观乘客，恢复正常运营。

六、其他客运伤亡事故的处理程序

在安全管理原则的指导下，参照上述客运事故处理办法执行，一般程序为：

1. 立即采取措施，防止事态扩大；

2. 对受害人实施紧急救护；

3. 协调处理好其他相关事项；

4. 清理现场，恢复正常秩序。

七、事故报告及责任划分

1. 事故报告

车站工作人员发现事故或接到乘客报告，向值班站长报告，做相应处理。列车司机接到乘客报告先向值班站长报告，做相应处理。

发生客运伤亡事故时的信息传递按要求执行，车站值班站长、列车司机应立即进行意外伤亡发生第一信息的报告，并做好伤亡人员的判断和处理的续报。各车站（班组）应严格按信息汇报流程及时汇报，对尚不明确的重大信息应按照"先挂号、后续报"的原则汇报。

2. 责任划分

轨道交通客运伤亡事件责任划分为轨道交通责任和非轨道交通责任两类。

（1）乘客自验票进入闸机时起至出闸机时止，对运输期间发生的乘客人身伤害，轨道交通承担运输责任。包括（但不限于）以下情况：

①轨道交通设备设施损坏未及时修复且未设置警示、防护造成的；②轨道交通施工作业造成的；③列车紧急制动造成的；④轨道交通范围内的垂直电梯、自动扶梯突然停止运行或启动造成的；⑤屏蔽门、车门夹人造成的（属乘客强行上下列车的情况除外）；⑥轨道交通设备设施（垂直电梯、自动扶梯、屏蔽门、车门、闸机等）发生故障造成的；⑦车站或列车内湿滑未及时清理或未设置防护警示造成的（因不可抗力造成的除外）；⑧闸机夹人造成的（乘客强行出闸，无票尾随出闸等情况除外）。

（2）其他非乘客自身责任在付费区造成的：

①无票人员在轨道交通付费区内发生的人身伤亡，比照乘客办理；②无票人员（包括已购票

但未入验票闸的人员）在轨道交通非付费区内发生的人身伤亡，因轨道交通设备设施或管理所致的，比照乘客办理；由其自身处理不当所致的，原则上不予承担责任。

（3）有下列情形之一造成的乘客人身伤害，轨道交通不承担运输责任：

①违反《城市轨道交通运营管理办法》而造成的乘客本人或他人伤害；②不可抗力造成的乘客人身伤害；③自身健康造成的乘客本人或他人伤害；④能证明是故意、重大过失造成的乘客本人或他人伤害；⑤第三者责任（包括斗殴或制止斗殴）造成乘客人身伤害时，受害者直接向施害的第三者索赔，轨道交通公司原则上不予承担责任；⑥在轨道交通站通道穿行或在车站逗留、休息等的无票人员自身行为造成的伤亡，轨道交通车站只提供基本援助（如拨打 120 等），原则上不予承担责任。

八、现场拍照和物品摆放

1. 拍照固定现场的有关要求

（1）事发列车停车后，车站应立即在伤（亡）者所处位置的站台上拉出警戒线（警戒线可适当拉宽，长度适中）。

（2）值班站长拍照固定现场的照片包括：伤（亡）者所处位置上方列车车门（含车门编号）；事发列车车头全景（如无法拍摄可省略）；列车未移动时伤（亡）者位置；事发列车驶离车站后，伤（亡）者姿势全景（含轨道）；事发地点（可以用里程标或隧道壁上有特点的广告牌作为拍摄对象）。照片根据不同情况可适当多拍几张，以确保证据的有效性。

2. 应急物品的摆放要求

（1）各车站应保证担架、裹尸袋、轮椅、照相机（包括电池）、手电筒、警戒绳、对讲机等物品的完好与齐全，以备急需。

（2）应急物品原则上应放置于车控室，个别车站也可将轮椅、担架等物品放置于站台的站务员室，但应人人皆知。

九、客伤事件预防措施

1. 严格对设备和设施进行例行检查、检修、保养。

2. 对存在安全隐患的设备、设施要有警示标志，加强对乘客的安全告知，自动扶梯倡导"左行右立"。

3. 车站工作人员认真巡视，及时劝阻不安全行为，及时制止可能出现的事故苗头。

4. 进一步强化现有各项行车安全作业规范制度和安全教育，进一步强化各项安全措施和预案，严格按照"车调联控""站车联控"的有关规定，加强行车作业各环节的互控、他控，严防类似事件再次发生。

5. 做好对乘客的安全宣传、教育，运用车站广播、轨道交通移动电视等媒介，加强文明乘车、安全出行宣传，强化乘客安全意识，营造安全运行、有序出行的良好氛围。

任务三　客伤案例分析

随着城轨交通客流的逐渐增加，车站发生客伤事件的概率越来越大。客伤事件严重影响企业的形象及乘客的安全，如何正确处理车站客伤事件，车站服务人员在了解各种客伤事故发生原因的基础上，及时总结出预防及处理方法，对提升客运安全管理水平、减少客伤事件发生、提供良好的乘车环境具有重要的意义。前车之鉴，后车之师，本节任务是分析曾经发生过的客伤事件，从中学习如何及时、快速、妥善进行处置，提高自身业务水平。

一、案例一——列车客运伤亡

【案例描述】

2009 年 7 月 12 日 16：00 左右，60 多岁的金女士在地铁八通线四惠站上车时，不小心被车上乘客刘先生放在车厢门口的行李绊倒，导致左臂骨折。因为不了解车厢内的报警系统，金女士没能及时和车组工作人员联络。列车行驶到管庄站时，工作人员才发现情况，随即拨打 120 求救。

【任务要求】

1. 如果你是车站工作人员，请分析该事故造成的原因是什么？
2. 作为车站的工作人员或管理人员，你会怎样处理？

【任务实施】

1. 原因分析

乘客摔伤导致左臂骨折，是其他乘客绊倒所致，并且当时车站运营秩序正常，各类设备未发生故障。因此，此事件的责任不在轨道交通运营单位。

2. 处理措施

（1）在确认此事责任不在运营单位的前提下，与乘客家属进行协商，给予一定的经济补偿。

（2）签订客伤处理协议，约定补偿后双方不再在经济等各方面发生任何关系。

3. 核心能力训练

（1）以小组为单位，一般小组成员为 6—8 人，采用角色扮演的方法进行该客伤事件的处理。角色分别为车站负责人（站长）、车站值班员、车站工作人员、受伤乘客金女士、乘客刘先生、事件见证乘客。

（2）各小组分配角色，每个角色围绕自己的身份设计台词及应变措施，目的是发现问题，提高专业水平，完善自我，增强团队意识，提高团队协作能力与写作水平，提高语言表达能力与信息处理能力，从而达到有效处理事件的目的。

（3）其他学生在每个小组进行角色扮演时作为评委进行评定，每个小组扮演结束后肯定其优点，重点指出在角色扮演的过程中存在的问题以及改进的方法。目的是提高旁观学生的观察能力、思考问题的能力，培养团队合作精神。

【任务评价】

职业核心能力评价主要包含职业信念、专业能力与职业行为习惯的评价，要培养良好的职业素养，职业能力评价是促进职业信念的提升，职业行为习惯养成的一个重要手段，通过提升专业能力，从而提升学生的职业核心能力。职业核心能力自评和互评表，如表8-1所示。

表8-1　职业核心能力自评和互评表

项　目	评价内容	自评系数				互评系数			
		优秀 1.0	良好 0.8	一般 0.5	较差 0.3	优秀 1.0	良好 0.8	一般 0.5	较差 0.3
安全责任意识（5分）	1. 树立"安全第一、预防为主"的意识 2. 遵守设备的操作规程								
专业能力（30分）	1. 坚守岗位，不擅离职守 2. 熟悉本岗位基本操作流程 3. 熟悉客伤事件处理的相关法律法规								
团队合作（10分）	1. 指导他人工作的能力 2. 接受他人帮助的态度								
语言表达（20分）	1. 普通话标准 2. 专业用语规范 3. 语言表达流畅								
学习能力（10分）	1. 查阅相关专业知识能力 2. 写作能力 3. 计算能力								
仪容、仪表及仪态（5分）	1. 按规定着装 2. 仪态符合城市轨道交通服务人员的基本要求，衣装整洁 3. 仪容仪表符合角色要求								
解决问题能力（5分）	1. 按时按要求保质保量完成工作 2. 独立工作的能力								
组织管理能力（5分）	1. 专业技术管理能力 2. 团队管理能力								

续　表

项　目	评价内容	自评系数				互评系数			
		优秀 1.0	良好 0.8	一般 0.5	较差 0.3	优秀 1.0	良好 0.8	一般 0.5	较差 0.3
创新发展能力（5分）	1.实施和反馈能力 2.持续改进能力 3.展示自我的能力								
7S情况（5分）	1.工作场所物品摆放整洁有序 2.结束后卫生保洁工作								
小组评价合理化建议		等级				组长签名			
备注									

二、案例二——坠物伤亡

【案例描述】

2010年8月24日17：30左右，在北京地铁1号线建国门站站台内，一块天花板突然掉落，将一名候车的女乘客头部砸伤。事发后，地铁站工作人员和派出所民警迅速赶到，对女乘客进行询问，伤者表示自己无法行动。随后，她被地铁工作人员带往休息室，后被送至附近医院。派出所民警在现场拉起警戒线，疏导乘客离开危险地带。

【任务要求】

1.如果你是现场的站台巡视人员，当你发现该客伤事件发生时，你在现场应该如何处置？
2.作为车站的工作人员或管理人员，你会怎样处理？

【任务实施】

1.原因分析

乘客在正常候车的情况下，在运营时间内轨道交通车站公共区的天花板突然掉下来，因此，此事件责任在轨道交通运营单位。

2.处理措施

（1）在确定此事件应由城市轨道运营企业承担全部责任的前提下，与乘客进行协商，负责伤者医药费，并给予适当的经济补偿。

（2）签订客伤处理协议，约定补偿后双方不再在经济等各方面发生任何关系。

3. 核心能力训练

（1）以小组为单位，一般小组成员为6—8人，采用角色扮演的方法进行该客伤事件的处理。角色分别为车站负责人（站长）、车站值班员、车站工作人员、受伤的乘客、派出所民警、事件见证乘客。

（2）各小组分配角色，每个角色围绕自己的身份设计台词及应变措施，目的是发现问题，提高专业水平，完善自我，增强团队意识，提高团队协作能力与写作水平，提高语言表达能力与信息处理能力，从而达到有效处理事件的目的。

（3）其他学生在每个小组进行角色扮演时作为评委进行评定，每个小组扮演结束后肯定其优点，重点指出在角色扮演的过程中存在的问题以及改进的方法。目的是提高旁观学生的观察能力、思考问题的能力，培养团队合作精神。

【任务评价】

职业核心能力评价主要包含职业信念、专业能力与职业行为习惯的评价，要培养良好的职业素养，职业能力评价是促进职业信念的提升，职业行为习惯养成的一个重要手段，通过提升专业能力，从而提升学生的职业核心能力。职业核心能力评价参见表8-1。

三、案例三——安检机夹人

【案例描述】

2009年7月18日上午8：00点左右，北京地铁10号线双井站东北入口处，一名三岁左右的小男孩在家人将包放入安检机过安检时，将右手误伸入安检机内被机器夹住。地铁双井站工作人员随即展开救援，将机器拆开拉出小男孩的右手。经检查，孩子的手无大碍。在地铁工作人员的陪同下，小男孩与家长打车前往附近医院。男孩的右手基本没有外伤，只是被夹住部位出现红肿，经检查骨骼也未受伤。

【任务要求】

1. 如果你是安检人员，面对该客伤事件，你应该如何处置？
2. 作为车站的工作人员或管理人员，你会怎样处理？

【任务实施】

1. 原因分析

当时安检机处于正常运行状态，事件发生的主要原因是家长疏忽大意，没有尽到监护人的责任，因此，事件的责任不在轨道交通运营单位。

2. 处理措施

（1）在确认此客伤事件纯属意外的前提下，与乘客进行协商，给予其适当的经济补偿。

（2）签订客伤处理协议，约定补偿后双方不再在经济等各方面发生任何关系。

3. 核心能力训练

1. 以小组为单位，一般小组成员为6—8人，采用角色扮演的方法进行该客伤事件的处理。角色分别为车站负责人（站长）、车站值班员、车站工作人员、受伤的小男孩与家人、事件见证乘客。

（2）各小组分配角色，每个角色围绕自己的身份设计台词及应变措施，目的是发现问题，提高专业水平，完善自我，增强团队意识，提高团队协作能力与写作水平，提高语言表达能力与信息处理能力，从而达到有效处理事件的目的。

（3）其他学生在每个小组进行角色扮演时作为评委进行评定，每个小组扮演结束后肯定其优点，重点指出在角色扮演的过程中存在的问题以及改进的方法。目的是提高旁观学生的观察能力、思考问题的能力，培养团队合作精神。

【任务评价】

职业核心能力评价主要包含职业信念、专业能力与职业行为习惯的评价，要培养良好的职业素养，职业能力评价是促进职业信念的提升，职业行为习惯养成的一个重要手段，通过提升专业能力，从而提升学生的职业核心能力。职业核心能力评价参表8-1。

四、案例四——列车客运事故

【案例描述】

2009年8月23日晚6时许，腿部有残疾的岩女士在上海地铁锦江乐园站乘坐轨道交通1号线，列车在从锦江乐园站至上海南站站间，列车司机突然刹车，导致岩女士摔倒在地，后由其他乘客搀扶到座位上。当列车行驶至新闸路站时，该站工作人员接到前方工作人员信息，将岩女士送到长征医院。经医院治疗，9月21日岩女士恢复出院，共住院29天。

【任务要求】

1. 如果你是车站工作人员，请分析造成该事故的原因是什么？如何预防？

2. 作为车站相关的工作人员或管理人员，你会怎样处理？

【任务实施】

1. 原因分析

（1）列车司机突然刹车，导致岩女士摔倒在地，这是事件发生的主要原因。

（2）残疾人乘车，自己应该更加注意乘车安全，乘客未尽到义务，也是事件发生的原因之一。

2. 处理措施

（1）在确认此事件由上海地铁承担主要责任的前提下，与乘客进行协商，给予适当的经济补偿。

（2）协商时应避免谈责任的归属问题。

（3）签订客伤处理协议，约定补偿后双方不再在经济等各方面发生任何关系。

3. 核心能力训练

（1）以小组为单位，一般小组成员为6—8人，采用角色扮演的方法进行该客伤事件的处理。角色分别为车站负责人（站长）、车站值班员、车站工作人员、受伤的岩女士、事件见证乘客。

（2）各小组分配角色，每个角色围绕自己的身份设计台词及应变措施，目的是发现问题，提高专业水平，完善自我，增强团队意识，提高团队协作能力与写作水平，提高语言表达能力与信息处理能力，从而达到有效处理事件的目的。

（3）其他学生在每个小组进行角色扮演时作为评委进行评定，每个小组扮演结束后肯定其优点，重点指出在角色扮演的过程中存在的问题以及改进的方法。目的是提高旁观学生的观察能力、思考问题的能力，培养团队合作精神。

【任务评价】

职业核心能力评价主要包含职业信念、专业能力与职业行为习惯的评价，要培养良好的职业素养，职业能力评价是促进职业信念的提升，职业行为习惯养成的一个重要手段，通过提升专业能力，从而提升学生的职业核心能力。职业核心能力评价参见表8-1。

五、案例五——道床伤亡

【案例描述】

2009年10月26日7：38，津滨轻轨开往天津市区方向的303次列车在驶入泰达站上行站台时，一名40多岁男性乘客突然跳下站台，与进站列车相撞，乘客当场死亡。事发后，车站工作人员立即拨打110、120和119电话，组织现场施救和乘客疏散工作。现场的120急救人员确认，男子已经当场死亡。随后，消防员将尸体搬上担架，抬出候车站台。

【任务要求】

1. 如果你是车站工作人员，请分析如何预防此类事故的发生？

2. 作为车站的工作人员或管理人员，你会怎样处理？

【任务实施】

1. 原因分析

（1）事发时车站运营秩序正常，发现中年男子跳下后站务员立即采取紧急措施，因此，本起事件的责任不在轨道交通运营企业。

（2）中年男子违反了《天津城市轨道交通管理规定》，擅自进入列车运行区域。本起事件由中年男子负全责。

2. 处理措施

（1）在确认此事责任不在运营单位的前提下，考虑到中年男子的特殊情况，出于人道主义，与亲属进行协商，给予一定的经济补偿。

（2）签订客伤处理协议，约定补偿后双方不再在经济等各方面发生任何关系。

3. 核心能力训练

（1）以小组为单位，一般小组成员为6—8人，采用角色扮演的方法进行该客伤事件的处理。角色分配如下：角色分别为车站负责人（站长）、车站值班员、车站工作人员、死亡乘客、派出所民警、救护人员、事件见证乘客。

（2）各小组分配角色，每个角色围绕自己的身份设计台词及应变措施，目的是发现问题，提高专业水平，完善自我，增强团队意识，提高团队协作能力与写作水平，提高语言表达能力与信息处理能力，从而达到有效处理事件的目的。

（3）其他学生在每个小组进行角色扮演时作为评委进行评定，每个小组扮演结束后肯定其优点，重点指出在角色扮演的过程中存在的问题以及改进的方法。目的是提高旁观学生的观察能力、思考问题的能力，培养团队合作精神。

【任务评价】

职业核心能力评价主要包含职业信念、专业能力与职业行为习惯的评价，要培养良好的职业素养，职业能力评价是促进职业信念的提升，职业行为习惯养成的一个重要手段，通过提升专业能力，从而提升学生的职业核心能力。职业核心能力评价参见表8-1。

【复习与思考】

1. 客伤事故分类及处理原则。

2. 客伤事故处理职责。

3. 自动扶梯发生客伤事故的处理方法。

4. 案例分析：2012年11月19日，广州地铁八号线鹭江站往客村站区间隧道，列车受电弓发生故障，其部件与车顶发生接触短路。列车临时停在隧道距车站 200 米处，该事件导致 4 名乘客身体不适入院检查。作为城市轨道交通客运人员，碰到类似事件，该如何处置？

5. 案例分析：2013 年 11 月 23 日 18：08，在途经沈阳站的沈阳地铁 1 号线列车上，因为拥挤发生口角，一名地铁女安检人员从随身包里拿出刀刺伤了女乘客，列车在沈阳站被扣停。作为城市轨道交通客运人员，碰到类似事件，该如何处置？

6. 案例分析：2010 年 12 月 15 日 9：00，深圳地铁乘客较多，自动扶梯上挤满了乘客，而本该自下而上的扶梯突然发生逆行运行，引发踩踏，23 人受伤。作为城市轨道交通客运人员，碰到类似事件，该如何处置？